情商高，就是说话让人舒服

秦泉　主编

汕头大学出版社

图书在版编目（CIP）数据

情商高，就是说话让人舒服／秦泉主编. -- 汕头：
汕头大学出版社，2018.10
ISBN 978 - 7 - 5658 - 3467 - 7

Ⅰ. ①情… Ⅱ. ①秦… Ⅲ. ①语言艺术 - 通俗读物
Ⅳ. ①H019 - 49

中国版本图书馆 CIP 数据核字（2018）第 054047 号

情商高，就是说话让人舒服
QINGSHANGGAO,JIUSHI SHUOHUA RANGREN SHUFU

主　　编：秦　泉
责任编辑：邹　峰
责任技编：黄东生
封面设计：松　雪
出版发行：汕头大学出版社
　　　　　广东省汕头市大学路 243 号汕头大学校园内　邮政编码：515063
电　　话：0754 - 82904613
印　　刷：河北鹏润印刷有限公司
开　　本：880mm×1270mm　1/32
印　　张：8
字　　数：196 千字
版　　次：2018 年 10 月第 1 版
印　　次：2018 年 10 月第 1 次印刷
定　　价：32.00 元
ISBN 978 - 7 - 5658 - 3467 - 7

前　言

　　1995 年，美国《纽约时报》专栏作家、心理学家丹尼尔·戈尔曼在其风靡世界的《情感智商》一书中指出，促使一个人成功的要素中，智商作用只占 20%，而情商作用却占到了 80%，情商才是人生成就的真正主宰。马云也如是说："成功与否跟情商有关系。"

　　情商是什么？情商是一种发掘情感潜能，运用情感能力影响生活和人生的关键因素，是人的情绪、情感、意志等各方面的综合品质，是人在立身立业时不能忽视的特质，也是人必须具备的生存能力之一。

　　而一个人情商高的最具体表现是什么呢？就是会说话，说话让人舒服。我们无时无刻不在与人打交道，无时无刻不在说话，我们所说的每一句话，都在或多或少地影响着我们与他人之间的关系。

　　美国成功学大师戴尔·卡耐基曾经说过："当今社会，一个人的成功，仅有一小部分取决于专业知识，大部分则取决于说话的艺术。"人的一生当中，从恋爱到婚姻，从求职到升迁，从交际到办事……都需要说话的能力。

　　话说得好，小则可以讨人欢喜，大则可以保身。远有苏秦、张仪游说诸侯，战国格局为之改变；诸葛亮说服孙权，三国鼎立之势成；皇太极劝降洪承畴，大清夺天下成定局。 近有周恩来出色外交，四两拨千斤；罗斯福之"炉边谈话"，温暖千万心灵。

话说得不好，小则树敌，大则导致失败甚至丧命。 《论语》有言："一言可以兴邦，一言可以丧邦。"因一句"此跋扈将军也"而被梁冀毒死的汉质帝就是因言丧命的典型代表。

我们天天在说话，不一定就能把话说好。 为人处世，大部分在一个人的话语中体现。 一件事情是否办成很大程度上与说话有关；而一句话是否说得恰当，又与一个人的个性、情绪、阅历等有很大的关系。 会说话的人可以明确表达自己的意图，能够把道理说得清楚、动听，并使别人乐意接受。 会说话的人，其金玉良言被人所称赞，绝词妙语被人所欣赏。 不会说话的人则常吞吞吐吐，含糊其词，甚至可能会造成误会，伤及感情，对人对己都不利。

说话让人舒服，就要讲究语言的表达方式：说得好，说得精，说得巧。 说得好，就是把话说到对方的心坎上，说者会说，听者爱听，彼此共鸣；说得精就是言简意赅，不啰唆，不赘言；说得巧，是把话说到点子上，一语中的。

本书通过大量贴近生活的事例和精炼的要点，将实用、常用、具有操作性的说话技巧倾囊相授。 高情商的说话技巧，早一天掌握，早一天走向成功；早一天领悟，早一天拥有幸福的人生。

2018 年 9 月

目　录

第一章

体现情商高,就在会说话

说话令人舒服的要素

有些人说话在内容上虽然不占优势，但说话的方式却能给人一种非常迷人、令人舒服的感觉。 每个人都有自己的个性，每一次对话会因为说话技巧的不同而有各种不同的回响、反应。 那么，使对方愿意听我们说话并逐渐进入对话的最佳状态有什么技巧呢?

1. 风格明快

生活中大多数人不喜欢晦暗的事物，即使草木也会向阳生长。 同样，给人阴沉感的谈话，势必会让人感觉厌恶和压迫。反之，说话简洁明快，则更易让人接受。

2. 声音独特

跟有些人说话是一种享受，因为他们的嗓音实在是很动人。 他们谈话时，非常注意选择说话的声音，而这完全依靠他们的天赋、个性及所要表达的情感而变化。 如果有条件，可以把自己的话录下来仔细地听，你可能会意外地发现，自己说话竟有那么多毛病。 经常这样检查，发音的技巧就会不断提高。

3. 语气肯定

每个人都有自尊心，常常会因为一些事伤害到自尊心。 如此一来，你只要在谈话中稍不注意说话的方式方法，对方会立即反射性地表现出拒绝的态度。因此，如果你想让对方听你说话，首先得先明白对方要表达些什么。所谓"说话语气肯定"并不是说肯定对方说话的内容，而是指留心对方容易受伤害的感受。

4. 语调自然

自然的声音总是悦耳的。在交谈中我们应该注意，不管你是什么样的语调，都应自然流畅，故意做作的声音只能事与愿违。当你与许多人交谈时，应采用以下的技巧：若前面说话的人嗓门很大，你开始说话时就可以压低声音，做到低、小、稳；当前一个人音量较小时，你则需要提高音量，清脆响亮，以引起大家的注意。

5. 习惯用法

人类生存在当今的语言环境中有一套自己的语言使用标准，一旦不符合标准，就会产生不协调的感觉，其中包括语气与措辞。与人交往有必要根据实际情况或对方是谁而分别使用适当的语言。如果不分亲疏远近，总是以相同的口吻对待，那么对方将不会老老实实地听我们说话。

"太好了！""好棒哟！""真可怕！"这些都是一般女孩子常用的感叹词。当然，这也是感情的自然流露。一句话若没有抑扬顿挫，则过于平淡，引不起对方的兴趣，若能添一些感叹词，就可以活跃说话气氛，但要适可而止，过多的感叹词，亦会抹杀言语的重要性，使对方不能理解你的意思。

6.思路清晰

当之前的谈话争论不休，而且没有头绪时，你接下来就要注意语句简短，声音果断，有条理。

成功交谈注意事项

成功交谈应注意避免以下事项：

1.居高临下

不管你身份多高，资历多深，都应放下架子，切不可给人以"高高在上"的感觉。

2.自我炫耀

交谈中，不要炫耀自己的长处、成绩，更不要吹嘘自己，以免使人反感。

3.口若悬河

如果对方对你所谈的内容不懂或不感兴趣，不要不顾对方的情绪，只顾自己说得痛快。

4.心不在焉

当你听别人讲话时，要集中精力，切忌走神；或面带倦容、连打哈欠；或神情木然、毫无表情，让人觉得扫兴。

5. 随意插嘴

要是别人话没说完，就不要轻易打断别人的话。

6. 节外生枝

要扣紧话题，不要节外生枝。 如果大家都在聊音乐，你突然把足球赛塞进来，显然不识趣。

7. 搔首弄姿

与人交谈时，姿态要自然得体。 不要指指点点、挤眉弄眼，更不要挖鼻掏耳，让人感觉轻浮，没有教养。

8. 挖苦嘲弄

别人口误或者说错话，不应嘲笑，特别是在人多的场合尤其不可如此，否则会伤害对方的自尊心。 也不要对交谈以外的人说长道短，损人不利己，因为谈话者从此会警惕你在背后也说他的坏话。 更不能取笑别人的生理缺陷，无视他人的人格。

9. 言不由衷

对不同看法应直言不讳，不要一味附和。 也不要胡乱赞美、恭维别人，否则，令人觉得你不真诚。

10. 故弄玄虚

本来是习以为常的事，切不可故弄玄虚，语调时惊时惶、时断时续，或"卖关子"玩深沉，让人捉摸不透。 如此只会令人反感。

11. 冷暖不均

当几个人一起交谈时，切莫按自己的"胃口"或者身份的高低区别对待，热衷于与某些人交谈而冷落另一些人。 不公平的交谈是不会使人愉快的。

12. 短话长谈

切不可泡在谈话中，浪费大家的宝贵时间。 要适可而止，提高谈话的效率。

说得好不如说得巧

说话，通常是说给别人听。 所以，不能光顾自己说话，而忽略别人的感受。 如果不关注别人的反馈，不给别人说话的机会，那么即使你说得再好也没人愿意听。

三国时期的杨修，在曹营内任主簿。 他才思敏捷，实属不可多得的人才，但是由于他十分恃才自傲，屡次得罪曹操而不自知。

一次，曹操建造一所花园，竣工后，曹操一言不发，只提笔在门上写了一个"活"字，想和手下人打个哑谜。 大家都不明白，只有杨修笑着说："'门'内'活'字，乃'阔'字也。 丞相是嫌园门太窄了，想拓宽它。"

于是，手下再筑围墙，竣工后又请曹操来看。 曹操看了非常高兴，一问之下，知道杨修毫不费力就解出自己出的谜题，嘴巴上虽然称赞几句，心里却极为不满。

又有一天，塞北送来一盒酥饼，曹操在上面写了"一合酥"。正巧杨修进来，看了盒子上的字，径自取来汤匙与众人分食那一盒糕点。

曹操对他的行为很是不满，质问杨修，杨修嘻嘻哈哈地说："盒子上写明了一人一口酥，我又怎么敢违背丞相的意思呢？"

曹操听了，虽然故作镇定，心里却十分厌恶杨修这种得了便宜还卖乖的行为。

曹操生性多疑，生怕遭人暗中谋害，因此谎称自己会在梦中杀人，告诫身边侍从在他睡着时切勿靠近他，后来还故意杀掉一个侍卫，想借此杀鸡儆猴。

杨修知道了，马上看穿曹操的心意，喟然叹道："丞相非在梦中，君乃在梦中耳。"

曹操哪里经得起这样的冷嘲热讽，于是下定决心，置杨修于死地。

机会终于来了。曹操率大军攻打汉中，迎战刘备时，双方长时间在汉水一带对峙。曹操由于长时间屯兵，已经陷入进退两难的处境。此时，正巧侍从递给他一碗鸡汤，曹操见碗中有块鸡肋，感慨万千。

此时夏侯惇碰巧进入帐内请示夜间口令，曹操随口说道："鸡肋！鸡肋！"夏侯惇便把这两个字当作口令传了出去。

行军主簿杨修听了这事，便叫随从收拾行囊，准备归程。

夏侯惇见了惊恐万分，即刻叫来杨修询问情况。

杨修解释道："鸡肋，弃之可惜，食之无味。今进退两难，在此有何益处？来日魏王必定班师矣。"

夏侯惇对此颇为认同，于是，下令营中将士打点行装，准备撤退。

曹操得知这一情况，一口咬定杨修造谣惑众，给他扣了一个扰乱军心的帽子，毫不留情地把他杀了。

杨修的确很聪明，最后却聪明反被聪明误。他恃才傲物，自命不凡，说话时完全不顾及别人的感受，终究难逃厄运。

说话，通常不是说给自己听，而是说给别人听，既然如此，不妨多考虑一下别人的感受。一个真正懂得说话的人，不见得字字珠玑，但是，他总能让对方心悦诚服。

以情动人效果佳

人是有感情的动物，而语言所负载的意义，除了理性信息之外，就是情感信息。这种情感信息的内涵十分丰富，不仅诉诸人的理性，而且是要打动人的情感。"感人心者，莫先乎情"，这就要求我们在说话中，一定要带有真情实感。所谓情感，就是对待人或者事所产生的肯定或否定的心理反应，诸如喜欢、愤怒、悲伤、恐惧、爱慕、厌恶等。

在人际交往中，话语所饱含的情感，会在交换信息的同时产生言语魅力和感染作用，从而取得良好的交际效果。俗话说："通情才能达理。"列宁也认为："没有人的情感，就从来没有也不可能有人对真理的追求，只有充满感情的人才能使人相信他的情感是真实的，唯有最真实的生气或忧愁，才能唤起人们的愤怒和忧郁。"这就是说，说话人的话语一定要是内心情感的真实流露，才可能产生感染力、影响力和号召力。 美国黑人领袖马丁·路德·金在林肯纪念堂前进行了"美国给黑人一张不兑现的期票"的演说，其高潮部分是这样的：

"回到密西西比去吧！ 回到阿拉巴马去吧！ 回到南卡罗来纳去吧！ 回到佐治亚去吧！ 回到路易斯安那去吧！ 回到我们南方城市中的陋巷和贫民窟去吧！ 既然确信这种情况终将改变，我们绝不可以陷入绝望的深渊中。

"今天，我对大家说，我的朋友们，即使有各种困难，我仍然有个梦想，这是扎根在每个美国人心中的梦想。 我梦想着，有那么一天，我们这个民族将会奋起反抗，并且一直坚持实现它的信条的真谛——'人人生来平等是不言自明的真理'。

"我梦想着，有那么一天，充斥着不平等和压迫的密西西比，也能变为自由与和平的绿洲。

"我梦想着，有那么一天，我的四个孩子，可以生活在不分种族而是以他们的品行来判断他们的价值的国度里。

"我梦想着，有那么一天，在黑人活动被种族主义者横加干涉的阿拉巴马州，就在种族歧视依然猖獗的阿拉巴马州，黑人儿童将能够与白人儿童如兄弟姐妹一般携起手来。

"我梦想着，有那么一天，沟壑填满，山岭削平，上帝的灵光大放光彩，芸芸众生共睹光华！

"这就是我们的希望！ 这是我们返回南方时所怀的信念！依靠这个念头，我们能够把绝望的群山凿成希望的磐石。 能够将种族不和的喧嚣变为一曲友爱的乐章。 怀着这个信念，我们可以一同工作，一同祝福，一同奋斗，一同入狱，一同为获得自由而斗争。坚信吧，总有一天我们会自由……"

在这段演讲中，马丁·路德·金用四段以"我梦想着"为首的排比句式表述，深情表现了对自由的渴望，气势磅礴，一泻千里。他殷切盼望种族歧视恶劣的密西西比变成"自由与和平的绿洲"，希望自己的孩子能得到公正对待，希望黑人与白人的孩子能像兄弟姐妹一样携起手来，和睦相处，由此甚至希望一切都变得公平正直。作为民权运动的领袖，他道出了千百万黑人的肺腑之言，使得在场的听众激动地呐喊、喝彩，有的悄然流泪，有的失声痛哭。话语之"情"，出于肺腑，方能入人肺腑，达到以情动人的效果。

通俗的最高境界

1934年，中央警卫团划归中央军委领导，由叶剑英同志分管。其中大部分同志是由部队抽调来的，刚离开炮火纷飞的前线，都普遍想重返前线直接和敌人厮杀。叶剑英了解到情况，召开了全团大会。会上，他提高嗓门大声说：

"中央警卫团应该改名，不叫警卫团，叫'钢盔团'。"

大家很是不解。接着，叶剑英缓缓解释道：

"钢盔是干什么的？钢盔是保护脑袋的，我们是保卫党的脑袋——党中央的，所以应该叫它钢盔团，你们说对不对？"

大家顿悟，齐声说："对！"

"人没脑袋行不行？"叶剑英追问。

"不行！"

"你们都是英雄好汉，杀千百个鬼子都没有问题，但没有党中央领导能不能把鬼子打出去呢？"

"不能！"

只几句话，说得警卫战士心里暖烘烘的。

叶剑英没有直接解释警卫团的重要作用，而是以一个极其通俗的比喻，紧接着连发几个问题，环环紧扣，把战士们心中的疙瘩一下子解开了。

在生活中，我们应该尽量选择那些让人一听就懂、一说就明白的事例去打比方，这样，就不会因听不懂而无法体悟其中更深的意思。

在纽约国际笔会第48届年会上，面对来自世界40多个国家的600多位代表，作家陆文夫不慌不忙，侃侃而谈。

有人问："陆先生，您对性文学怎么看？"

陆文夫清了清嗓子说："西方朋友接受一盒礼品时，当面就拆开了。而中国人恰恰相反，一般都要等客人离开以后才打开盒子。"

听众席里发出会意的笑声，并报以热烈的掌声，反应之热烈、气氛之活跃为历届年会所少见。

这是一个难以回答的问题。陆文夫别出心裁，用一个生动的比喻，将一个敏感棘手的难题解答得天衣无缝。他以中国人和西方人对待礼品盒的不同态度做比，表达出对待性文学的不同方式。用生活习俗来说明文学作品体现民族特性的理论话题，既说明了问题，又给人留下深刻的印象。

又如有一位记者问一位名人是否有再婚的打算，她答道："曾经沧海难为水，除却巫山不是云。"这样的回答就不能说不好，但是不了解中国文化的人就听不懂。 同样的问题，赵丹的夫人、作家黄宗英的回答更加简单明了："我已经嫁给大海了，再不能嫁给小溪，再嫁就嫁给汪洋。"

通俗化说话是一种境界，更是说话的一种技能，要想掌握得好，需要大量积累生活素材，在讲话中触类旁通、举一反三，才能运用得当、运用自如。 此外，俗语、谚语、歇后语等语言同样能大大增强语言的感染力，容易被群众理解和接受。

有动感才有魅力

有一次，卡耐基在给学生演讲"生命如何度过"时，随身携带了一件物品，并且用手巾盖着。 一开始的时候，他就把它置于桌子的右侧，在情绪激动时就抚摸一下。 卡耐基的声音充满感情，而他抚摸这件物品时更显得感情凝重，人们心里对此很好奇，是什么呢？ 注意力便都集中了起来。

卡耐基接着说："美国南北战争时，有一个战士名叫莱特，他不过是一名普通的士兵。 他作战勇敢，冲锋时总在最前面。 他说他只有一个心愿，就是解放南方黑奴，让自由和民主回到人民手中。 他的勇敢获得了无数次的嘉奖。 亲爱的莱特，却遇到了不幸，在一场遭遇战中，他倒下了。 弥留之际，他握着英雄勋章说：'把它送给我的母亲。'之后大家才发现他是母亲唯一的亲人。 他的母亲同样也是伟大的，宁愿自己忍受孤苦寂寞的晚年生活……现在，这位伟大的母亲和他的儿子都已死去，但这枚勋章却保留了下来，它总是鼓励着我们为大众的利益而努力奋斗！"

卡耐基说完，在全场听众的注目下，轻轻揭开手巾，露出了一个盒子，他再打开盒子，一枚金黄色的勋章躺在红色的绒布之上。那一刻全场都寂静了，有的人悄悄地流下了眼泪。人们为英雄的伟大而感动，也钦佩卡耐基的用心良苦。动情的讲述使他的演讲变得何其感人啊！

下面再看看列兰·史多是怎样打动听众，获得支持的。

"但愿再也不会遇到这样的场景。一个孩子和死亡之间只差一颗花生，还有比这更凄惨的吗？我希望各位永远不会看到这一幕，也不必活在这样痛苦的回忆中。如果本月里某一天，在雅典被炸成废墟的工人区里，你曾听到他们的声音，看到他们的眼睛……可是，我所能留下的一切，只是一罐半磅重的花生。当我费力地打开它时，成群衣不裹体的孩子把我团团围住，拼命地伸出手。更有许多的母亲，怀抱婴儿你争我抢……她们都把婴儿举向我，皮包骨头的小手抽搐地伸向我。我尽力使每个花生都发挥最大用处。

"在他们疯狂的拥护之下，我几乎被他们撞倒。几百只手在我面前：渴望的手、挥动的手、无望的手，全是瘦小的可怜的手。这里分一颗花生，那里分一颗花生。再在这里一颗，再在那里一颗。数百只乞求的手伸着，数百只求助的眼睛望着。我无助地站在那里，手中只剩个蓝色的空罐子……哎呀！但愿这种事不会发生在你身上。"

在列兰·史多动情的叙述中，听众的内心深受触动，列兰·史多也因此获得了成功。

尊重也是一种征服

林肯有次批评他的女秘书："你真是一个漂亮的小姐。只是我希望你打印文件时注意一下标点符号，让你打的文件像你一样可爱。"女秘书对此印象深刻，从此打印文件很少出错。

林肯身为美国总统，说话这样委婉、客气，是他好修养、好气度的体现。 倘若他盛气凌人，破口大骂："你怎么工作的？ 连标点符号都搞不清楚，亏你还是大学生呢。"只能让对方反感，反而不能达到让人改错的目的。

人都是有自尊的，都渴望获得他人的尊重。 大到整个社会，小到一个团队中，只有收入、分工不同的区别，而没有人格高低的差别。 扪心自问，我需要别人的理解和尊重吗？ 同样，别人也是如此。 所以，聪明的人就要先理解和尊重别人。

人们常说心灵如同花朵，开放时会承受柔润的露珠，闭合时会抵御狂风暴雨。 我们在规劝别人时，实际上就是让他心灵的花朵开放。 但是，对方往往回避我们，因为他并不知道我们送的是雨露，只知道怎样保护他的自尊心。 因此，尊重别人是至关重要的一点。 通常情况下，规劝别人很容易使自己站在比别人高的位置上。 而本质上，也确实比别人高，因为你自己觉得比别人的观点正确，这才能劝人；如若不然那就表明你观点不正确，或者缺乏自信，那还去劝什么人呢？因此，劝人的人实际上的位置应该是高的，但这种高，只能摆在和被劝人平等的前提下，这不是虚伪，而是方法上的需要。只有对方觉得你设身处地地在为他着想，他才能认真考虑你说的话，才能把心扉打开，你才有可能达到劝说的目的。相反，即使你说得对，把位置摆得高高在上，甚至不注意语言的表达方式，必然会被反感，因为你没有尊重他，他会想出各种办法来对付你，让你不但没达到目的，还生一肚子气。如果他迫于某种压力或其他因素，而屈服于你的批评，口头上也许承认自己错了，但心里一定不服气。我们来举一个老师在课堂上提问学生的例子。

老师："请张丽同学回答问题！"

张丽："我不回答你！"

老师："张丽同学，你既然不回答我的问题，必定有原因。能告诉我原因吗？既然你不肯说明，那让我分析一下：我哪儿做得不好，不能为人师表，不能让同学们信服，甚至损害了人民教师的光荣称号，才使你这样呢？"

张丽："老师，不是的。"

老师："既然我还称职，我想你也不是有意让我难堪。那么，为什么你不愿回答问题呢？我认为，不外乎有三种情况，第一，可能是我的启发式教学搞得不得当，问题太简单，引不起你的兴趣，你不屑于回答。"

张丽："不，不是。"

老师："第二，是你刚才不想回答。如果是这样，你现在回答也不迟。"

张丽："我……我……"

老师："第三种情况也许是你不会回答，但又碍于情面，忽然一时糊涂，想以强硬的态度搪塞过去。但我为什么要这样认真呢？我想帮助你！"

张丽："老师，您，您别说了……请告诉我这个问题该怎么回答……"

这位老师尊重自己的学生，不厌其烦地耐心劝导，消除了学生反感的情绪，终于打开心扉。试想，如果这位老师居高临下，不管青红皂白，一通批评，学生只会更加抵触，不会轻易地认错的，因为她丢掉了面子，甚至可能连课也没法往下上了。

获得好感有妙招

1. 多提善意的建议

当一个人关心你时，如果够真诚，并且对方还提了一些善意的建议，你当然会欣然接受，从而对这个人产生好感。那么，如果你也能如此对待别人，别人也会同样对你产生好感。

满足他人自尊心最佳的方法就是善意的建议。如果只是对女性说"你的发型很美"，那只不过是一句单纯的赞美话；若是说"稍微剪短，看起来会更可爱"，你的关心对方一定能体会到。若是能不断地表示出此种关心，对方对你则会更加亲切信任。

2. 偶尔暴露自己一两个小缺点

暴露自己的缺点并不是毫不保留地坦白所有缺点，如此做，反而使人认为你毫无可取之处，因而丧失了对你的信任。因此只要暴露一两点即可，可使他人把这一两个缺点和其他部分联系在一起，因而产生其他部分毫无缺点的感觉。

3. 记住对方所说的话

一位心理学家应邀去演讲，不料主办方却问他："先生，请问您的专长是？"他颇为不高兴地回答："你邀请我来演讲，还问我的专长是什么？"

招待他人或是主动邀约他人见面，对对方应有一个初步的了解，这是一种礼貌。换句话说，对对方表示自己的关心，必然能赢得对方的好感。

记住对方说过的话之后再提出来，是表示关心的做法之一，也是说话的策略之一。尤其是兴趣、嗜好、梦想等，对对方来说，这是很特别的事，一旦提出来作为话题，对方一定会觉得很愉快。在面试时，不妨引用主考官说过的话，一定会让人眼前一亮，留下深刻的印象。

4. 注意对方微小的变化

生活中，一般做丈夫的都不擅长对妻子表现自己的关心。比方说，刚换了发型的妻子，丈夫明明觉得她"看起来年轻多了"，却不做任何表示，使得妻子觉得丈夫不关心自己。

不论是谁，都渴求拥有他人的关心。 对关心自己的人，一般都具有好感。 因而，若想获得对方的好感，首先要表示自己对他的关心。 只要一发现对方的服装或使用的物品有些微小的改变，不要不好意思开口，立即告诉对方。 例如：同事打了条新领带时，你对他说："新领带吧？ 在哪儿买的？"绝没有人会因此觉得不高兴。

另外，愈是细微的关心，愈是发现不轻易发现的变化，愈使对方高兴。 这样不仅使对方感受到你的细心，也感受到你的关怀。 转瞬间，关系就会更近一步。

5. 呼叫对方的名字

欧美人在说话时，常带上对方的名字，如："来杯咖啡好吗？ 莱克先生。""关于这一点，你的想法如何？ 莱克先生。"这样做，增添了许多亲切感，宛如彼此早已相交多年。其中一个原因是他感受到对方已经认可自己了。

在我们的社会里直呼长辈姓名，是种不礼貌的行为。 但是，平辈之间借着频频呼叫对方的名字，来增进彼此的亲密感，则是个不错之选。

6. 注意细节投其所好

有位朋友有个奇怪的习惯，总把别人的名片背后写得满满当当。 与其说他是为了整理人际资料或是不忘记对方，倒不如说是为下一次见面做好准备。 把对方的兴趣爱好记录下来，再度见面时，自己就可提供对方关心的情报作为礼物。 即使只有一面之缘，若能记住对方的兴趣，在第二次、第三次见面时，不断地提供相关的知识或是趣事，借此表示自己的关心，结果必然使对方产生很大的好感。

也许有些人认为这样会显得急功近利。事实绝非如此，这种做法的确出于对对方的关心，更何况对对方也是真正有益的。坚持这样做，结果必然能将一般通用的话题化为己身之物。换句话说，从长远来看，此种做法能成为表现自我的有力武器，以此迅速获得对方对自己的好感和信任。

微笑赢得一切

我们在与人交往中，对于他人的意见不论同意与否，都不要摆出一副冷冰冰的面孔，谁也不愿意和态度冰冷的人谈话。即使不得已而谈话，在心底也已经产生了反感。试想，这样的谈话能有好结果吗？因此，日常交往中，不论对方是谁，有怎样的见解，如何让人讨厌，我们都应该学会用笑给人以温暖。有这样一个故事：

飞机起飞前，一位乘客请求空姐给他倒一杯水吃药。空姐客气地回答说："先生，为了您的安全，请稍等片刻，飞机平稳后，我会立刻把水给您送过来，好吗？" 15分钟后，飞机早已进入了平稳飞行状态。突然，一声铃声打破了平静，空姐猛然意识到：糟了，由于太忙，忘记给那位乘客倒水了！空姐来到客舱，按铃的果真是刚刚那位要水的乘客。她小心翼翼地把水送到那位乘客跟前，面带微笑地说："先生，很抱歉，由于我的疏忽，耽误了您吃药的时间，很对不起。"这位乘客，指着手表说道："怎么回事，有你这样服务的吗？"无论她怎么解释，乘客都不罢休。

为了补偿自己的过失，每次去客舱给乘客服务时，空姐都会特意走到那位乘客面前，面带微笑地询问他是否需要水，或者还有什么其他需要。然而，那位乘客余怒未消，始终摆出一副不合作的样子。

临降落时，那位乘客要求空姐把留言本给他送过去。等到飞机安全降落，所有的乘客陆续离开后，空姐以为这下肯定糟了，没想到，等她打开留言本，却惊奇地发现，本上所写的并不是投诉，相反却是一封热情洋溢的表扬信："在整个过程中，您表现出的真诚的歉意，尤其是你十二次真诚的微笑，深深打动了我，使我最终决定将投诉信写成表扬信！下次有机会，我还愿意乘坐你们的这趟航班！"

空姐看完信，激动得热泪盈眶。

虚心受人敬重

古人讲："满招损，谦受益。"

谦虚之所以受到尊崇，因为它不仅是一种美德，也是事业成功的法宝。 但是，在现实生活中，谦虚也不是件容易的事，有的人得到领导的表扬、同事的夸奖，内心里着实想谦虚一番，却寻找不到适当的表达方法。 要么手足无措，要么说一些"归功于集体、归功于人民"的套话，听起来让人觉得虚假。

那么，在社交场合，不同的时间，不同的环境，不同的氛围，怎样恰当地表达自己的谦虚，才能给人留下一个良好的印象呢?

转移对象。 如果别人的表扬或赞美让人有点无所适从，你不妨想办法转移人们的注意力，帮自己巧妙地"脱身"，把表扬或赞美的对象"转移"到别人的身上，但要有所依据，否则也会显得空和假。

妙设喻体。 直言谦虚，固然可取，但用不好会让人觉得做作，特别是两个人之间，如果仅仅说"你比我强多了"这类话，容易有嘲讽之嫌。 遇到这种情形，不妨试着用比喻的方式，巧妙地表达自己的谦虚。

自轻成绩。 任何称赞和夸奖，都有据可寻，或者因为某件事，或者因为某方面的成绩。 这时你不妨像绘画一样，轻描淡写地勾勒一笔，平淡中显示不凡。

相对肯定。 面对别人的称赞，如果把自己说得一无是处，不但不会让人感觉谦虚，反倒给人傲慢的感觉。 正如俗话所说:"过分的谦虚等于骄傲。"现实生活中，这样的情况并不少见。 所以，谦虚要掌握一定的分寸。

征求批评。 面对人们的赞美，反而征求批评，这是表现你谦虚精神的一种最有效的方法。 但要注意适当、适度，否则谦虚也可能变为虚假了。 因而，在社会交际中，可以根据不同的场合、不同的环境、不同的交际人物，去征求意见，虚心学习。

　　只要虚心而诚恳，努力追求谦虚的品质，在谈话时保持平和坦诚的态度，尊重谈话对象，就一定会成为一个受人敬重的人，说出的话也更加受人重视。

第二章

好好说话，是对人最大的礼貌

说话须有礼节

一般来说，说话的礼节基本上包括以下几个方面：

1. 向人询问时的礼貌用语

在与人交际过程中，向人询问在所难免。看似平常的一句问话，往往可以反映出一个人的修养和文明程度。向人问询时，首先，要选择恰当的称呼语，如，"小姐""先生""师傅"等。不加称呼语，直接用"喂"来称呼很无礼，至于使用一些不礼貌的称呼语，如"老头""戴帽子的"就更加不礼貌了。其次，要使用请求语，如"请""请问""麻烦您""劳驾"等。对于对方的回复要表示诚挚的感谢。

2. 回答他人询问时的礼貌用语

在人际交往中他人来电话或有不同方式的询问时，应该热情地回答。比如，在路上遇到有人问询时，应停下脚步，仔细听取别人的询问后进行回答；在办公室有人提出问题时，应暂时放下手中的事情热情接待。在回答时应细心、细致、周到、准确。如果是外地人员问路，就应该用普通话回答。如果是问到公务上的事，应尽量做到详尽准确，决不能不清不楚。如果被问到不清楚的情况，应向对方表示歉意，或者找其他人帮助解答，不能胡乱作答或是弃之不理。

3. 得到关心、帮助时的致谢用语

如果得到了他人的帮助，无论大小，都应该真诚地表示感谢。这是你对别人提供的帮助表示肯定和敬重，是一种礼貌的行为。表示感谢的方式可以各式各样，其中如口头致谢、书面致谢、来电致谢或由他人转达谢意，等等。口头致谢是使用最多的一种感谢方式，因为口头致谢可以不分时间、不分地点，在各种场合使用，所以也是最直接、最有效的方式。当别人帮了你大忙时表达感谢的语气要加重些，只有"谢谢"两字远远不够。如"真得好好谢谢你，你帮我解决了一个难题""要不是你帮忙我真不知道如何是好"。

4. 致歉用语

在交际过程中打扰了别人，或是给别人带来了某种不便，应及时向对方表示歉意。表示歉意的话语通常有："对不起""请你原谅""很抱歉""打扰了""真是不好意思"等。向人表示歉意时，不能半遮半掩、扭扭捏捏，应真心实意地致歉，同时还要注意方式。如因一些小事影响别人或引起别人不快，应马上道歉；损坏别人的东西要主动提出赔偿。除了口头致歉，还需要有改正过失的行动，改正行为才是最实际最有效的道歉。

表达歉意能够缓和人际关系中的紧张气氛，使大事化小，小事化了，甚至化干戈为玉帛。

5. 申请加入谈话的用语

在别人谈话正在进行时，假如有事须与某人说话，应等别人说完，你再开口表达自己的意思。谈话中遇有急事需要办或

要离开，应向谈话对方提前声明表示歉意。 谈话人数超过三人时，不要只与一两个人说话而不理会在场的其他人，应不时地与在场的所有人攀谈几句，不然会使其他人感到受冷落。

6. 给别人发言的机会

在谈话过程中，要给别人发表意见的机会，别人说话，也应适时发表个人见解。 要善于聆听对方谈话，最好不要打断别人的话语。

7. 注意话题

在人际交往中，最好避开有关疾病、生死的话题，不谈一些荒诞离奇、耸人听闻或者黄色淫秽的事情。 尽量不要询问女士的年龄、婚姻状况，所谓"见了男士不谈钱，见了女士不谈龄"。 对方不愿回答的问题不要刨根问底，不然会使双方都很尴尬。

8. 注视对方

一般在说话时与人保持一米的距离，注视对方，这也是一种不可忽视的礼节。

公共场合更要讲礼仪

众所周知，在不同的交际场合有不同的交际礼仪，我们在公共场合下的礼仪守则有：

走路。 走路的时候如果道路比较窄，就应该"眼观四路，耳听八方"，以及时避让各种车辆，更要自觉地避免在马路中间行走，避免给其他想超越的行人和车辆造成不便。 几个人一起走路的时候，不要为了"保持团结"而并成一排行走，这样在你们后面的人就无法超越，只能跟着慢慢走。 人多的地方，不要横冲直撞。 如果不小心碰了别人或踩到别人的脚，就应该表示歉意。 相应地，在被别人不小心碰到或踩到时也应谅解。

在路上行走时要守文明，女士要让自己的仪态端庄大方，不左顾右盼，摇首摆尾。 男士彬彬有礼，注意绅士风度，不大摇大摆。

走路时，要让受你敬重的人走在路内侧，更加表示尊重之情。

女士穿高跟鞋走路不太方便，走在不太平坦的路段或阶梯时，男士可以伸手搀扶，这时女士应欣然接受并致谢。

要养成把瓜果皮、纸屑、烟蒂以及其他垃圾扔进垃圾箱的好习惯，有痰、涕的时候，应该先用纸包起来，然后，把纸投入垃圾箱。

在路上碰到熟人应礼貌地主动打招呼。 倘若需要简短交谈，要站在不碍事的路边。 如果两个人相隔较远，又要打招呼，就可以挥手示意，或紧走几步到他附近再喊，尽量避免隔着很远就大声叫喊。

想使用干净整洁的洗手间，那就必须从我做起。 每次用完之后，不管是公共洗手间还是私人洗手间，都要记得放水冲洗干净再走，切忌弄脏乱。 洗完手后最好用纸巾或擦手纸把手和弄湿的洗手池台面都擦干净。 有的洗手间还专门提供了烘干机、毛巾或纸巾等，洗手后千万要注意将手擦干净再走，不要一边走路一边甩动湿淋淋的手，弄得到处都是水，甚至还甩到其他人身上，或是随意地在自己身上一抹，这样做都不符合文明礼貌的要求。

有时候在洗手间，有的人碰到认识的人还会热情地说些客套话；有的在用餐时间甚至还不忘寒暄一句："您吃了吗?"又都常常会使对方很尴尬，不知说什么好。在这种"特殊地点"，还是平淡一点的好，不要说太多寒暄客套的话。

如果想了解一个民族的礼仪水平，那么可以看看这个民族的人民在交通工具上的言行。很多人在单位的时候是"人模人样"，可一旦在公共汽车等交通工具上，就会现出原形，面目全非。

就我国现状而言，我们在公交车上很"团结体贴"。因此，就必须要在做到自我规范的基础上，互相谦让，文明用语常挂在嘴边，这样才能避免很多不必要的争吵。那些因为被人踩脚或碰人没说句抱歉的话而引发的"战争"，会使人感觉不礼貌而又缺乏教养。

青年人年轻力壮，就应该主动给老人、儿童、孕妇以及体弱病患让座，一定不要看到需要让座的人，赶紧闭上眼睛假装"已然入仙境"；或者立即把目光转向窗外，让自己的翩翩风度随之飘去。还有些人知道不应该把瓜果皮壳等扔在车内，却顺手扔出窗外，这同样也是不文明的表现。每辆车上其实都有垃圾箱，为了车厢的整洁应将垃圾投入垃圾箱中。

除此之外，在包括公交车在内的公共场所吸烟也不文明。

下雨天乘公交车，准备好伞袋，上车后把伞装入伞袋中。

一般汽车车票因里程不同而有不同的颜色。如果你想在公交车上体面地得到座位，可以暗中注意一下座位上乘客的车票颜色，谁最早下车，你就站在谁身边，这样就能够体面而又轻松地得到座位。

乘坐交通工具出行时，保持安静是文明礼貌素质的表现。要养成在公共场所排队的习惯。

我们作为和谐社会的一分子，免不了要参与各种社会活动，或者出现在各种公共场所里，而公共场合的礼仪，最能够体现一个人的素质，保持好的礼仪素质，会让你赢得赞许、结交更多的朋友。

夸夸其谈不可取

开始说话时，要简明扼要，说清主题，或者用一两句话概括出一个大纲或者大体的方向，给听众一个心理准备。 在谈话中，恰当地引用一些名言警句、谚语、成语、诗词，穿插一些歇后语、俏皮话，别人会感到我们有才学，从内心产生一种尊重，有利于树立良好成熟的谈话形象。 但是如果是为了卖弄才华，极力修饰语句，说话时大量使用文言用词，或是盲目使用外语，甚至大段引用经典，名人名言；或者在谈到自己专业时大量使用术语，或者没有逻辑顺序，缺少思路和系统，就会给对方带来卖弄才华、故意炫耀的印象。

朴素平淡的话语表达出真诚的心意，是美好情感的展现。因而，语言的朴素美来自从容的处世态度，话如其人，言为心声，平时为人处世朴实诚恳，说话也就自然不会故弄玄虚。 古语说：其行也正，其言也质。 正是说以诚恳的态度做人，永远是语言朴素美的条件。 语言的朴素美贵在保持个性，该怎么表达就怎么表达，或严肃，或幽默，或直率，或调侃，或委婉，最重要的是保持个性。

为了避免夸夸其谈就要不讲假话。 我国人民历来有着赞颂说真话的美德。 在《韩非子·外储说左上》中关于曾子教妻的故事，长久以来为人们所传颂。

曾子的妻子有一天要上街，她的小儿子哭闹着说要去。曾妻便哄儿子说："你回去，等着我回来杀猪让你吃肉。"她刚从街上回来，就看到曾子真的要杀猪，她急忙阻止道："我只不过是跟儿子随便说说哄他的。"曾子说："同小孩子是不能开玩笑的。小孩子开始什么都不懂，处处会模仿父母，听从父母的教诲。今天你欺骗他，就是教他学你的样子欺骗别人。做母亲的欺骗自己的孩子，那孩子就不会信任自己的母亲了。这不是教育孩子的好办法啊！"于是，曾子毅然决然地杀猪，把肉煮了给小儿子吃。

曾子把妻子的玩笑话实施给孩子看，将猪杀了，让孩子相信母亲的诺言。 曾子的妻子未必是在有意欺骗孩子，曾子虽近乎不通人性，但是他坚持了一种最可贵的精神，在生活中教育孩子不说假话。

首先，不说大话。 大话又称废话，与假话的性质接近。

说大话在口才表达上不但不能给你的话题增色，反而令你的话题和话语黯然失色。 曾子教育他的学生，话说得太多，就像池塘里的青蛙，整夜整日地叫喊，弄得口干舌燥，却没有人重视它；但是鸡棚里的雄鸡，只在天亮时鸣叫，却可以一鸣惊人。说话也是这个道理！

其次，尽量少说套话。 说话的目的是为交流思想，表达感情，因此，总得让人家知道你心中要表达的是什么。 总是用一些现成的套话来代替自己的语言表达，会让人感觉到无聊乏味。

再次，也不要说话太武断。 武断是说话交际中的毒药，人们不愿与这样的人交往。

最后，还要注意对语言的修饰。 同一个词修饰后也有程度的差别，如：一切、根本、多数、一些、凡是等，要根据实际来选择，万万不能忽视。 把部分说成多数，把可能说成一定，就会使自己陷入尴尬境地。

总而言之，我们在说话时要简明扼要，引人注目。 在话未出口时，先在头脑里构思一个轮廓，最后按顺序有逻辑地把话都说出来。

说话不可没把门

传说，有一次司马昭和阮籍一起上早朝，忽然有位官员前来报告："有人杀死了我母亲！"放荡不羁的阮籍随口便说："杀父亲也就罢了，怎么能杀母亲呢？"

　　话音刚落，文武百官们议论纷纷，认为他"缺乏孝道"。阮籍也意识到自己言语的失误，忙解释说："我刚才的意思是说，禽兽只知其母而不知其父。杀父就如同禽兽一般，杀母呢？就连禽兽也不如了。"一席话，竟使众人无可辩驳，也使阮籍避免了杀身之祸，保住了性命。

从中可见，阮籍言语失误后，幸亏使用了一个比喻更换了题旨，才避免了杀身之祸。

为了使自己说话时把握好"分寸"，除了提高自己的文化素养和思想修养外，还必须注意说话时要认清自己的身份。任何人，在任何场所说话，都有自己的特殊身份。这种身份，也就是人们当时的"角色地位"。比如，在自己家里，对子女来说你是父亲或母亲，对父母来说你又成了儿子或女儿。如用对小孩子说话的语气对老人或长辈说话就不合适了，这样不仅没有分寸，还很没有礼貌。

说话时要注意尽量客观。这里说的客观，就是尊重事实。事实是怎么样就怎么样，应该实事求是。有些人喜欢主观臆断，信口雌黄，这样往往会把事情弄糟。当然，客观地反映实际，要根据场合和对象调整表达方式。

说话时需要表现出善意。所谓善意，也就是与人为善。说话的目的，就是要让对方明白自己的思想和感情。在人际交往中，如果把握好这个"分寸"，那么，你说话时就会变得更礼貌。

有些话题谈论也要分时间和地点。要想成为成功的社交高手，必须要了解以下谈话时的禁忌：

1. 关于自身的健康

除了自己的亲朋好友，没有人会对别人的健康检查或疾病感兴趣。

2. 关于他人的健康

有严重疾病的人，如癌症、动脉硬化、关节炎等，通常不希望自己成为谈话的焦点。 不要在遇到病中友人的时候闷闷不乐，如果他回来工作，应像在平常一样待他，切忌提及他所患疾病。

3. 敏感的话题

除非很清楚对方立场，否则应避免谈到具有争论性的敏感话题，如宗教、政治、党派等，避免使双方陷入僵持对立的尴尬局面。

4. 物品的价格

一个人的话题若老是围绕着"这值多少钱""那值多少钱"，会令人觉得他是个庸俗世故的人。 一个人的东西值多少钱不关乎他人。

5. 痛苦的遭遇

不要和同事提起他所遭受的伤害，例如亲人去世等。 当然，若是对方主动提起，则须表现出同情并听他倾诉，但不要为了满足自己的好奇心而不停追问。 与刚刚遭遇到不幸的人谈话，你最好是让他尽自抒发。 但如果不幸的主角是你自己时，就应避免谈论个人的不幸话题，因为这将使人左右为难——别人不知道该如何表示同情，还是只要说一句"真遗憾"，然后按部就班说公事。

6. 不合时宜的话题

那些会使人在心里想"又来了"的话题并不是理想的谈论内容。

7. 说话的场合

比如黄色笑话在房间内说可能很有趣，但在大庭广众之下说，效果就不好了。 常说黄色笑话的主管会被认为是缺乏自信与能力的人，仅以此来哗众取宠，引起别人注意。

8. 道听途说

工作中常有很多机会可以散布对他人前途不利的谣言，当你开始谈论这些话题之前请先思考：无论是"添油加醋"还是可能真实的内容，这种行为都是不道德的，损人不利己的。

为了结束无聊的话题，可以准备一些有趣的话题吸引大家的注意力。

说话语气须讲究

说话是人际交往、表情达意的一个重要工具。 它所表达的意义是通过人们对其发音器官有目的的控制和使用而表现出来的。 这种控制和使用的一个重要对象便是说话的声音和语气。

按照语音学原理和人们说话时用声用气的心理状态及规律，一般来说说话的语气有以下几种类型：

1. 和声细气

和声细气犹如潺潺流水和温和的阳光，由人心底流出，轻松自然，和蔼亲切，不紧不慢，能给听者以舒服、安逸、细腻、亲切、友好、温馨的感觉。 人们在请求、询问、安慰、表达意见时常使用这种声气。 它可以弘扬男士的文雅风度和女士的阴柔之美，尤其是在抒发情感时，表现出更加有魅力。

2. 轻声小气

轻声小气表现出说话者的小心谨慎，崇仰恭敬之情。 在和别人交谈时，使用它可以缩短人与人之间的感情距离，紧密双方之间的关系。 有时，它还能避免一些可能的麻烦。 显然，用它来公开坚持意见、反驳别人、维护正义和尊严或是加强语气是不适宜的。

3. 嗲声嗲气

嗲声嗲气一般是女子或儿童对宠爱者说话时的语气，不仅能恰到好处地表现自己娇滴滴的秀气，更能博得和激发宠爱者的爱心和感情。 可见，嗲声嗲气也是生活交际中不可缺少的语气。

4. 大声吼气

铁人王进喜曾经说过："石油工人一声吼，地球也要抖三抖。"可见，大声吼气可以表现说话者的英勇精神、坚强意志和坚定决心。 此外，它还可以表现威胁、责备、愤怒、宣泄等情感，并且具有加强效果的影响力。

5. 高声大气

高声大气可以表现强调、号召、鼓动、激动的心情。 它表现出说话者的激情和粗犷豪放的气度。 虽然它和大声吼气都属于高音频和高调值，但是，它和大声吼气却有所不同，高声大气主要用来表现极其激动欢乐的情绪。

6. 粗声粗气

在日常生活工作中，我们常常会碰到不开心的事。 于是，粗声粗气地说它一通便成了一种自我排忧解愁的好方法。 不过，听者往往把粗声粗气与责备、反驳、训斥、顶撞、反感、埋怨等内涵联系在一起。 因而在使用粗声粗气时要倍加注意。

7. 恶声恶气

生活交际中，难免会碰到令人讨厌的人和事。 用恶声恶气来鞭挞这些丑恶的人或事，可以起到警告、怒斥、敌视、憎恶、蔑视、阻止等作用。 除此之外，恶声恶气也可以用来宣泄愤怒不满的情绪。

8. 冷声冷气

说话者习惯用冷声冷气来表现出不使用恶声恶气表达的情绪。 于是，冷声冷气便可代替恶声恶气，而成为说话者的一种"冷战"的方法。 它除了可以间接地表示恶声恶气所表示的情绪，还可以表示厌恶、讥讽、挖苦、不愿意、不同意等意思。

9. 怪声怪气

怪声怪气表现出对人或事的憎恶和讨厌之情。 因而，这种声和气通常带有贬义。 不过，在有些场合下，故意模仿自己所憎恶或讨厌的人的怪声怪气，倒能表现说话者蔑视、憎恶等意思，起到挖苦、嘲讽等作用。

10. 低声下气

它原是指说话者在对有身份、有地位、有某种较高的背景或自己所敬重的人说话时，为了表示尊敬所采用的一种特有的声和气。 不过，人们现在常把它看作是献媚和不争气的表现。

11. 唉声叹气

人生并不是都充满彩虹，难免也会有阴霾。 人们不时会遇到一些忧心苦闷、不快或自己无能为力的事情。 借用唉声叹气可以宣泄说话者的内心苦闷或表示因自己无能为力而感到抱歉、忏悔和内疚。 然而，在某些特殊的情况下，对某些背景特殊的人唉声叹气的话，也会产生独特的意味和风味。

12. 怨声怨气

在碰到不满，不快或不公正的人和事时，用这种声和气可以表现说话者埋怨、哀怨、不满、不快等情绪。 从某种角度来说，怨声怨气也可以宣泄内心不满，或进行自我慰藉。

13. 有声无气

在一些特殊情况下，可以表现说话者让听者只闻其声，不觉其气。 这种有声无气的说话方式表明说话者无精打采、意志消沉、心烦意乱、没有兴趣、慑于某种权势或体力不支，人们通常所说的"有气无声"也是属于这一类。

14. 吞声忍气

吞声忍气是一种有意识的吞音现象。 它通常表现说话者内疚、恐惧、惭愧、遗憾、无奈、懦弱等心理状态和性格特征，人们通常所说的"有气无声"也是属于这一类。

15. 屏声静气

由于某种特殊的原因，说话者无意识地暂时停止住声和气，或者有意识地停止住声和气，这样常常能产生某种设想的说话效果。 常见的情况有吸引与被吸引、崇敬之情的表达等。

16. 泣声悲气

当说话者感到悲愤、苍凉、伤心时，说起话来便会伴有一种无意识的泣声悲气。 善于表演的人能借此表现极度的悲伤，以唤起听者的怜悯和同情。 气多于声是泣声悲气的特点。

17. 破声破气

我国歌坛曾经刮过一阵西北风。 这种"西北风"的演唱特点就是歌唱演员以破声破气来表现西北人乃至一些普通人的那种特有的粗犷、豪放、热情、奔放、坚毅的品质和性格特征。

我们可以用不同的声和气表达不同的情感，因此，我们说话时，不仅要注重遣字用词，更要选用好恰当的声和气。否则，再美的词语也会失去其效果，并很有可能引起听者的怀疑、妒忌、不满、反驳、敌视、唾弃和嘲笑。总而言之，我们在使用声和气的时候，可以参照以下几个要求：

1. 贴切语义

在人们长期运用中形成了某一种声和气表达的特殊意思。这种意思具有其特定的稳定性，是不以个人的意志为转移的，这就是说话声和气的语义特色。我们只能根据这一特点，而不能根据个人的喜好去随意地违背它或者改变它。例如：不能用大声吼叫来表达自己的深情蜜意，不能用粗声粗气来赞许别人，更不能用恶声恶气来表达我们激动的心情。不然，我们将不能正确地表达自己的本意，还会带来麻烦。由此可见，只有遵循声和气的语义特点和选用恰当的声和气，才能充分准确地表达自己的意思。

2. 避免歧义

同一词语辅之以不同的声和气，所表达意思也不同。仅以"你这死鬼"举例。用粗声粗气说，它表示反感、抱怨、责备；用恶声恶气说，它表示怒斥、憎恶、警告；用阴阳怪气说，它表示咒骂；用柔声细气说，它表示亲密；用嗲声嗲气说，它表示打情骂俏或撒娇亲昵；用高声大气说，它表示向听者示意去采取某种动作；用唉声叹气说，它则表示被迫接受对方的提议或作为。因此，使用好声和气的一条重要原则，就是要尽量避免由于声和气的不同导致的歧义。

3. 区别对待

在生活交际中，不同的声和气的使用，不能忽视说话对象的年龄、性别、社会地位、文化修养等因素，并且要区分使用的时间及地点。 要根据说话对象的上述情况和不同的时间及地点而选用不同的声和气。 例如：对长辈、女性、有社会地位或有文化修养的人应使用和声和气、柔声细气和平声静气，切忌使用大声吼气、高声大气或粗声粗气。 比如妻子在丈夫面前嗲声嗲气往往会产生良好的效果；但是，若妻子在大庭广众之下也对丈夫嗲声嗲气，不但不会受丈夫喜爱，反倒会引人反感。

4. 积极向上

在人的一生中难免有磕磕绊绊，我们不时会有不满、不快、伤心、忧愁或悔恨。 慎重和善于生活的人不会因此而消沉，会从中振作起来，成为人生的强者。 因此，我们在说话时，使用的声和气要争取积极向上、催人进取和充满活力。 这样，我们才能给别人留下美好的印象，也才能够使自己的生活丰富多彩。

称呼他人要得体

称呼是指在社会交际中，人们彼此所采用的称谓语。 它是言语交际的"先锋官"，在日常生活中，称呼应当亲切、准确、合乎常理。 正确恰当的称呼，不仅能表现对对方的尊重和自身的文化素质，还能够让交际更加有效。

常言道，"良言一句三冬暖"，称呼得体就像行个见面礼，使对方获得心理上的愉悦，使交流顺畅，交际成功。相反，称呼不得体往往会引起对方的不快甚至不满，使双方陷入尴尬境地，造成交往梗阻乃至中断。因此，无论是从事任何职业的一般人，还是身有一定职务的领导人或管理者，要想生活顺心、事业发展，都需要注意研究人际称呼的技巧，恰当地称呼他人。

恰当的称呼多种多样，并没有什么统一的模式。不同的地区、不同的民族和不同的语言习惯，称呼的习惯可能差别很大；不同职业、职务、性别、年龄的人，对称呼的需求和期望也不尽一样。这就造成了称呼语的复杂性和多元化，增加了称呼得体的难度。但有一条是相同的，那就是要尊重他人和礼貌待人，这样，对方心里就会产生一种自豪感和满足感，同时对方也愿意与你交往，主动和你沟通，这就使交往有了良好的开端。但仅有此还不够，人际交往中的称呼还要注意下列事项：

1. 记住对方姓名

每个人的姓名不仅是与他人相区别的代号，而且不少人的名字还凝聚着父母对子女的希望。由于自尊的需要，每个人都会重视和珍爱自己的姓名，同时，也希望别人能记住和重视它。因此，当自己的名字被别人叫到时，就认为自己受到重视，心中感到愉悦，对称呼自己的人会有亲切感。自古以来，众多领导人、政治家和企业家对人们的这种心理很了解，与人寒暄时不只说句"您好"，而是在"您好"前面或后面加上对方名字，这样做起到了很好的心理效果。我们对久别重逢之后仍能一下子叫出自己的名字的人，总是感动万分、钦佩不已的原因，就在于此。

2. 符合年龄身份

对方的年龄、性别、身份、职业不同，称呼也该不同。对年长者称呼要热情、谦恭、尊重；对同辈则要态度诚恳，表情自然，亲切友善，体现出你的诚意；对年轻人要注意慈爱谦和，表现出你的爱心和关心；对有较高职务或职称者，要称呼其职务或职称。总之，要有礼貌，既表达出你对对方的真诚和尊重，又不卑不亢。切勿使用"喂""哎"等来称呼人，同时，也要尽量避免过于热情，点头哈腰。

3. 有礼有节有序

与许多人打招呼时，如果群体中有年长者，也有年轻人或异性在场，就要注意称呼的顺序。一般来讲，应先长后幼，先上后下，先女后男，先生疏后熟识为佳。称呼最能表现说话人的道德素质、知识水平和文明程度，同时也体现着他的交际水平。称呼兼顾长幼的差别，会使年长者觉得受到尊重，年轻人也会心中坦然；如顺序颠倒，不但会使年长者不满，而且被称呼者也会感到尴尬。再者应注意尊重女士，在与一个相同年龄、身份的群体打招呼时，先称呼女士，会使对方感到你有较高的素养，对方也会愿意与你交往。

需要注意，以上三点并不孤立，而是彼此制约、密切相关的，它们从不同侧面共同决定着称呼的得体与否以及称呼得体的程度。在交际活动中，我们只有根据称呼对象和交往场所等的具体情况，从多方面分析称呼对象的称呼需要，选择得体的称呼语，才能够达到良好的效果。

寒暄也要得当

　　1984 年 9 月，中国和英国在钓鱼台国宾馆开始了关于香港问题的第 22 轮会谈。

　　中方代表周南和英方代表伊文思遇见并寒暄起来。

　　周南说："现在已经是秋天了，我记得大使先生是春天来的，如此说来就过了三个季节了：春天、夏天、秋天，秋天是收获的季节啊！"

　　这次谈判在中英关系史上占有重要地位，时间是 1984 年秋季——达成协议的关键时刻。 这次谈判是为了收复我国对香港的主权。

　　可以看出这次巧妙的寒暄中周南运用暗示、双关的手法，巧妙利用交际的时令特征，即秋天的特点及其象征意义——成熟与收获，将我方诚恳的态度和希望以及坚定的决心，委婉巧妙地表达了出来。

　　像周南运用的这种寒暄很有意味，具有强烈的针对性和灵活的策略性，言外之意更是无穷无尽。

　　在我们日常生活中，经常运用的寒暄有以下几种形式：

　　路遇式寒暄。 就是在路途上或一些公共场所里遇到熟人，顺便打个招呼。 一种是在路上遇到熟人，握握手，问候"你好""上班去呀"，在路上骑车相遇，相互点点头，笑一笑，招招手，不用下车，然后说再见。 另一种是在路上遇到较长时间没有见面的熟人，这时不可以点头就走，要停下来，多说几句。 如有急事要办，则要与对方说清楚再离开，在人际交往中经常会遇到这种情况。

会晤前的寒暄。 如约见了面，或客人来了后，在交谈正题之前的问候。 一种是最普遍最常用的寒暄问候，如"您好""请进""请坐"等。 另一种是特别的寒暄问候，如对病人、老人、师长、好友，或是遇到大病初愈、长途旅行、身遭不幸等情况，在这些情况下要更加体现出关心体贴。

一般来说，寒暄主要有以下几种内容：

1. 关怀式寒暄

这是常见的寒暄方式，真挚深切的问候，对于加深人际间的感情，起着不可替代的作用。

2. 激励式寒暄

就是在寒暄的几句话中，给人以鼓舞和力量。 几句寒暄，就能够激励人奋进。

3. 幽默式寒暄

寒暄中加点幽默诙谐的成分，对协调交际气氛是很有效果的。 在幽默式寒暄中能够建立良好的人际关系。

4. 夸赞式寒暄

无论谁清早起来，接连听到几个诸如"您起得好早啊""您身子骨真硬朗"的赞美式寒暄，一定会感觉到这一天心情格外开朗愉快。 然而夸赞式寒暄也要讲究技巧，其中之一就是夸赞的内容最好要具体一些，从而能够具有更大的作用。

在寒暄中，要注意以下几个问题：

1. 要注意对象

寒暄要因人而异，不同的对象，要有不同的寒暄方式。

2. 要注意环境

在不同的环境，要根据场合进行寒暄。

3. 要注意适度

寒暄要适可而止，过分的寒暄和恭维会让感到虚情假意。

总而言之，得体的寒暄能给不快的人以愉快，给久别重逢的人以关怀，给邻里亲友以欢乐，并由此沟通感情，联络友谊，促进人际交往更加顺利愉快地进行。

不妨说句"谢谢"

在汉语词汇中，很少有词语一讲出就能立刻赢得一个人的好感，起到化敌为友、抚平自私心理、增强自尊心的作用。 然而，"谢谢"这个词却有这个效果。 但"谢谢"却常常被人忽视，或因太普通而被忽视，以致我们中的许多人与好人缘擦肩而过。 我们常常听到这种抱怨："我并不介意做所有这些事，只要他每次能说声'谢谢'。"甚至说，"我为他做了那么多，他都没有感谢过我。"

如果你想成功地开展工作和取得别人合作的话，一声"谢谢"是最简单、最可靠的方法。 同时它也能够获得友谊、扩大交际圈。

在交际活动中，如何表达感谢呢？ 表达谢意可以用很多方式说出来。 然而，无论被怎样打扮，譬如用鲜花、午餐作为回报，或者其他方法，或它的各种变化，这个词，一定要说出来或写下来。 下面就是各种表达感谢的方法。

1. 说出谢谢

告诉对方，对方为你做的对你来说是很重要的，和你如何得到帮助："我真的非常感谢你对我在学习上的帮助。"

2. 给予赞扬

让对方知道你认为对方为你做的事是很重要并很值得的："谢谢你的咖啡！ 我一辈子都记得。"

3. 予以回报

告诉对方你感谢对方为你做的，并会做出回报："我很感激你能在开顾问会议时回我的电话，以后有什么事儿可以帮忙的，请随时找我！"

4. 写个条子表示谢意

说声谢谢是很有作用的，但写下来会更胜一筹。 亲笔写下感谢的话更能表达诚挚的谢意。

5. 电话致谢

"我打这个电话只是为了感谢你……"

6. 送份礼物

送份礼物并附上一张便条。 重要的是礼物能够表达感谢之情，送什么并不重要。 一个老板请他的秘书去看了场一流水平的高尔夫球赛。 为了表示感谢，她买了一个独特的礼物——一个高尔夫球棒的微缩模型，然后写了个感谢的便条放在盒子里一并送给了他，老板收到礼物后很高兴。

7. 传达谢意

对别人诉说对他帮助的感谢，最后这话一定会传到给予你帮助者的耳朵里去："王敏这人真好！ 她帮我组织了那次活动。 要是没有她的帮助，我真不知该怎么办好。"当你的感谢从别人口中传入他的耳朵，他一定会很欣慰。

8. 提供帮助

与他们在一起，主动帮助他们工作。 比如帮助校对个长篇报道："我来帮你干这事儿。 甭客气，你总帮助我。"

9. 请客吃饭

邀请你要感谢的人去吃午餐或晚餐，一定要表明你这是为了感谢他的帮助。 如果你邀请的是已婚者，应当把他的爱人一并邀请去。

10. 报答捐款

如果一个环境学家曾用心地报道过你的一篇论文，可以为他的公益事业捐款，这或许是对他最好的感谢，但也别忘了说"谢谢"。你可以打个电话或写封信去感谢他，并告诉他你所做的。他必会为你做的事和自己做的事感到欣慰。

道歉不仅仅是认错

在人际交往中，难免会说错话、办错事，因此，得罪人也就难免，有时甚至给人家带来精神上的巨大痛苦和经济上的巨大损失。但是，若是能及时认识到自己的错误，坦诚地向别人道歉，并主动承担责任，一般情况下，总是能得到别人的谅解。倘若你发现自己错了，又不能及时向他人道歉，甚至不惜代价找借口为自己辩解，实际上不仅得不到别人的谅解，相反，还会受到道德上的谴责和人格、形象上的损害，使你失去朋友与友谊。因而，道歉在人际交往中有很重要的作用。

以下几种方式能够实现及时而诚恳的道歉：

1. 表示有所醒悟，希望得到谅解

三国时期，辽东被公孙渊割据，公孙渊害怕曹操征讨，就给孙权写信要归顺东吴。孙权决定派军队带着钱财去帮助他，并封公孙渊为燕王。大臣张昭认为公孙渊不能信任，极力反对孙权这样做，两人为此事发生了激烈的争吵，孙权最后还是没有听取他的意见。张昭一气之下，不去上朝，孙权也很愤怒，派人把张昭家的门给堵上了。张昭更不示弱，在家中把门又加了一层。后来，公孙渊杀了孙权派去的人，孙权这才认识到张昭的意见是对的，多次登门表示道歉，但张昭不见。

有一次，孙权到张昭家来，高声喊张昭的名字，张昭仍卧床不起。孙权派人烧他的门，本意是想逼张昭出来，但张昭却让人把窗户也关上了。孙权一看，连忙让人把火扑灭，而他仍在张昭家的门前站着。

最后，在儿子的劝说下，张昭终于露了面，孙权一看，非常高兴，赶紧把他让到自己车上，一路上自责不已，请张昭原谅。从那以后，两人关系像原来一样。

2. 表示摒弃前嫌，希望得到帮助

1754 年华盛顿还是一名上校的时候，他率领部下驻守在亚历山大市。有一次选举弗吉尼亚议会议员时，华盛顿所支持的候选人遭到威廉·佩思的反对。

华盛顿与佩思二人因选举问题争论起来，他说了一些冒犯佩思的话。佩思把华盛顿一拳打倒在地。华盛顿的部下马上赶过来，准备替他们的长官报仇。华盛顿当场予以阻止，劝说他们回到营地。

第二天一早，佩思接到华盛顿的一张便条，要求他尽快到一家小酒店去。

佩思如约而至，以为期待他的将是一场决斗。令他感到惊奇的是，他看到的不是手枪而是酒杯。

"佩思先生，"华盛顿说，"犯错误乃人之常情，纠正错误是件光荣的事。我昨天做得不对，你也已经在某种程度上得到了满足。如果你认为到此可以解决的话，那么让我们成为朋友吧。"

从而，佩思开始拥护华盛顿。

3. 表示承担责任，希望得到理解

民主德国总理在 20 世纪 50 年代访问中国时，拟签《中德友好互助条约》。按照国际惯例，公布要在共同约定的时间同时进行。然而由于记者的失误，在条约未签订时，就提前发了新闻。周恩来总理看到报纸，马上致电民主德国总统表示诚挚的道歉。

他说："我只在国务会议上提醒记者暂不刊载，却没在人大常委会上向记者交代，结果出了差错，这是我的失误。"周总理这种主动承担责任的道歉方法，使民主德国大为感动，并很快给予了谅解。

认错不是真正的道歉，也不是仅仅承认自己的言行破坏了彼此间的关系，而是要勇敢地为自己的过错承担后果。通过道歉表示你对这个过错的重视，并希望重归于好，这样不仅可以缓和破裂的关系，而且能够加深彼此间的感情。

第三章

得体赞美,让别人感觉舒服自然

交际从赞美开始

无论是在什么场所——是挤满成千上万听众的演讲大厅，还是寥寥数人的地下室，萧伯纳都会出现。经过反复锻炼，萧伯纳完全摆脱了胆小的毛病。他不仅能够大胆地与别人交谈，而且还开始展现自己演讲的魅力。

赞美具有神奇的魔力，它不但能化解尴尬，建立友情，还能让干戈化为玉帛，让不可能变成可能。

美国南北战争时期，北军格兰特将军和南军李将军交锋。经过激烈战斗，北军胜利，李将军投降，美国内战结束。

格兰特将军立了大功，但他并不狂傲。他首先谦恭地称赞对手："李将军虽然战败了，但这并不影响他的军事才能，他依旧是一位伟大的军事统帅。他一如既往的镇定，身穿军服，腰佩宝剑，气宇轩昂；我和他那高大的身材比较起来，真是相形见绌。"

格兰特不但大度地赞美了李将军的仪表和态度，而且还不趁机诋毁他的军事才能，谦虚地认为自己的胜利和李将军的失败，是运气眷顾。他说："这次胜利来得很幸运，当时他们的军队在弗吉尼亚遭遇连绵阴雨，行军作战异常不便，而我军一直没有遇到如此糟糕的情况。老天在帮助我们，是幸运给了我们胜利！"

格兰特将军把一场关键性战役归功于天气和运气，而对自己战术指挥的高明闭口不提，面对战败的敌人时也不盛气凌人，而是采取赞美对方来维护战败者的尊严，最终，得到了更多的敬意。

赞美让人心花怒放

1. 赢得别人对自己的赞许，是人类的本性

人们正是在别人的赞美声中感觉到认可，获得重要的社会满足感。 人在婴儿时期，就从周围人的微小的赞美性动作中获得满足。 成人以后，更多的是在他人、社会舆论的赞许声中获得强烈的成就感。 这就是"社会赞许动机"。 应该认识到，人都有优点，这正是个人存在价值的生动体现。 人们一般都希望他人能看到和肯定自己的优点和长处，认可自己的成功。 因此，诚恳的赞美之声，总是能够赢得对方的欢心，同时也创造了美好愉悦的氛围。

2. 赞美能形成良好的行为规范，有利于双方向积极肯定的方向发展

在人与人的交往中，适当的赞美能促使人改变缺点。 比如，对方本来具有优柔寡断的缺点，若听你称赞他很果断，那么他就可能改变原来的缺点，朝你赞许的方向去努力。 他的动力来源于他人的赞美。

3.适当地赞美对方，能够使其回以同样的热情

科学研究表明，别人对待你的方式，大部分取决于你对他们的态度。 有的人总是抱怨别人不热情、不友好，事实上原因在于你自己。 面对镜子，如果镜子中的形象令你不悦，那最好从自己的脸上去找原因。 一个热情友好的赞美，总能换取对方同样的态度，更利于双方交流。

赞美对方的宗旨是表现尊重和欣赏，以及创造友好的交往气氛。 因此，赞美应该真心实意，并注意语调和措辞。如果因为有求于人才表示赞许，会令对方感到你动机不良。所以，当你对对方无所求的时候，表示赞许才显出诚意和可信。 但赞美也要注意次数，过于频繁就失去了鼓励的意义，而且还显得轻率。 赞美的话语不宜过分，言过其实的恭维话就成了"拍马屁"，只会被人耻笑。 这些都关系到赞美的"度"。

一个恰如其分的赞美，还表现在赞美题材的选择上。 即根据具体情境，选择不同的赞美题材。 比如，对于年长者，可赞美他的光辉历史；对同辈人，可赞许他的能力和见识；而初见面者，则主要赞美其可见的外表或已知的实绩；在公众场合，赞许对方大家认可的品德、行为、外表和长处比较适宜；到别人家中做客，则可赞美其孩子的聪明、妻子的烹调手艺或家居布置等。 实际上，只要不犯忌讳和涉及私事，实事求是，态度诚恳，随处可见赞美的东西。

恰如其分的赞美还要注重技巧。 下面几种方法可供借鉴：

（1）直接赞美

在对方在场时，明确且有针对性地赞美并提及对方的名字（或尊称、昵称），微笑地赞美对方的行为、能力、外表或其

拥有的物品。比如有人换了发型，与其泛泛地说"你的发型不错"，不如说"这个新发型使你年轻了 10 岁"。这样能够强调你表示赞赏的证据及针对性，表现出你的真诚。如果能在直接赞美之后再提问让他发表谈话，比如，"这是在哪家理发店做的？"或"你怎么想到选择这种发型的？"就能让对方更乐于接受你的赞美。

（2）间接、含蓄地赞美

运用语言、眼神、动作、行为等向对方婉转地表达赞美。比如，在公众场合你特地请某人签名留念，就是一种行为赞美暗示。你特地向一位女士请教，就暗示着你很重视和欣赏她的能力。聚精会神地听对方谈话，并不时微笑着点点头，也能让人感受到你的赞美。

（3）预先赞美

如果对方自尊心很强又具备一定的思考能力，那么也可以按照你对他的期望预先赞美他，这样可以增强他的自尊心，鼓励他朝你期望的方向努力，以约束他朝相反的方向发展。

赞美应有新意

有人说，赞美是最美的语言，赞美应该给人一种美的感受，但很多人语言乏味，一成不变。

通常，以下三种俗套话应该避免。

1. 学别人说过的话

一些人在公共场合赞美别人时，没有自己的想法，只能跟着别人学话，附和别人的赞美。附和的话不仅达不到效果，还可能引起对方反感。

五代时期的梁太祖朱温手下就有一群乐于拍马屁却词穷的宾客。一次，他与众宾客在大柳树下小憩，随口说了一句："柳树好大啊！"这群人忙附和他，也纷纷起来赞叹道："柳树真大啊！"朱温看了觉得好笑，又道："柳树好大，能做车头。"尽管大家知道这话不对，但还是有五六个人赞叹："能做车头。"朱温对他们非常反感，厉声说："柳树怎能做车头！我见人说秦时指鹿为马，有甚难事！"于是处决了他们。

中国人有个传统就是别人赞美自己时，自己往往都要谦虚一下。在公共场所，若大家众口一词地赞美某个人的同一件事，就会让他尴尬，而且越是最后几个赞美的，越让他感到厌烦，对于这一点，大家要特别注意。

2. 形式上的俗套话

青少年刚踏入社会很容易犯这种忌讳，由于缺乏社交经验，见面就是"久仰大名、如雷贯耳、百闻不如一见、生意兴隆、财源茂盛"等俗不可耐、味同嚼蜡的恭维。这些俗套会给人留下不冷不热的印象，使人感觉对方缺乏诚意、玩世不恭，因此不会对对方留下好印象。

公式化的套词俗语，甚至会让对方生气。一位年轻小伙子到同学家去玩，见到同学的哥哥之后马上说："大哥你好，见到你真高兴！久闻你的大名，如雷贯耳，百闻不如一见！"没想到对方非常不高兴。原来，他同学的哥哥因打架斗殴被拘留了几天刚出来。 这个年轻小伙子根本不明情况就"久闻大名"地恭维了一番，却犯了对方忌讳。

3.只说赞美别人专长的单调话

大家都很容易发现别人的特长，因此也多着眼其专长来赞美。 殊不知，时间长了，被赞美的人听得都腻了，不愿再听人提到。 比如，一个画家，人们肯定都关注他的画技，而对作家人们可能仅赞美其写作水平。

可见，陈词滥调不仅是社交的忌讳，也是赞美别人的忌讳。 那么，怎样推陈出新呢？

（1）要抓住对方的心理去赞美

陈词滥调往往是在不深入了解对方心理的情况下说出的疲于应付的话，毫无针对性。 只有了解对方的近况和心理，才能知道他此时的心情和需要，从而给予别出心裁的赞美。

（2）赞美别人专长以外的东西

聪明的人善于实施"迂回赞术"，围绕对方希望听到的方面进行赞美。

众所周知，空姐们既漂亮又热情周到，她们也听到太多的乘客对自己容貌和服务方面的赞美，因此已经没有了感觉。 一次，一位黑人先生在下飞机时，很激动地对中国空姐赞美道："我飞外国这么多年，第一次遇到对我们黑人这么友好的服务小姐。"这位黑人先生没有赞美中国空姐漂亮，也没有赞美其服务，而别出心裁地称赞中国空姐没有民族歧视的品格，可谓独具匠心。

（3）赞美的话语不要太夸张

言过其实的"赞美"让人感觉虚伪，会让人反感。

赞美比批评更易让人接受

1. 人人都有享有尊严的权利

艾尔·约翰逊首次授课就在班上宣布："我只有一条规则
——尊重你自己和教室里所有其他的人。人若不会自重就自然
也不懂得尊重别人。如果你不懂得尊重自己，那就代表你有问
题。我们会纠正这一问题，因为个人尊严是人天生的权利。"

后来，卡莉突然有了一个怪习惯。约翰逊讲话的时候，她
会直望着他的眼睛，大声打呵欠。她的呵欠总是历时长久又动
作夸张，感染着身边许多别的学生也都打起呵欠来。

每次打完呵欠卡莉都会露出可爱的笑容，并且装作很诚恳
地道歉。当然，约翰逊知道卡莉毫无歉意。这显然是在考验
老师。

"打个电话给她父母，"同事向约翰逊建议，"告诉家长
之后，那些孩子就会突然乖起来。"

"以前我读书时，如果有人告诉父母说我行为不好，我父
亲必定把我痛打一顿。"约翰逊说。

"你不必直接说出来，"海尔说，"你只要跟她母亲或者
父亲闲聊几句，她就能够会意了。"

约翰逊不打算这样做。他想："她的父母会问我她的情
况，而我只能据实相告。不过我总得想个办法。也许可以写
封短信给她父母，这样，我只用说出我的想法而不必答复他们

提出的问题。 然而，要是我坦白告诉韦斯特夫妇卡莉在教室里捣乱，他们恐怕必须做出表态。 如果他们要偏袒女儿，我就输了……"

终于，约翰逊给卡莉父母写了封信，信中说："我对于有卡莉这样的孩子在我班上感到非常高兴，因为她乖巧好学，而且成绩不错，总平均成绩是乙。"

约翰逊没有把信封口，第二天，卡莉第一次打呵欠之后，他就让她把信带给家长。 她当然偷看了。 从此卡莉再也没有在教室里打呵欠。

到了下星期一，卡莉找到约翰逊谈话："约翰逊先生，谢谢你那封信，"她说，"我母亲把它贴在了冰箱上让大家看。在我家，那里就是光荣榜。 不过我父亲不相信信中说的成绩，认为我不会都得乙。"

"肯定能，"约翰逊回答说，"你很聪明，总是最先交作业。"

"不错，"卡莉说，"但是我从未得过甲。"

"那是因为你总是不把作业做完。 做到这点，你会得甲的。"

"可是我的测验成绩也从未得过甲，"卡莉说时，拿出自己的测验本，"我总是拿丙。"

"你复习过吗？"

"没有。"

"我敢打赌，要是你肯用功温习，就会拿甲。"约翰逊一直用鼓励的眼光看着她，直到她抬起头来看着他，"我说的是真的。"

"你确实认为我很乖巧？"她问。

"是的。"约翰逊点头说。

　　下一次考试时，卡莉拿到了乙上。到了年底，测试拿到了甲。

　　约翰逊大受启发，他决定给每一个学生写信，他分三批写。第一批写给"坏"学生，因为他认为他们最需要鼓励。有时候约翰逊会思考良久才想到赞美的话，但是他从不说假话。他在每一封信里都说："由于这孩子品性纯良、彬彬有礼、善于与人相处，我对他是我的学生，感到很开心。"

　　约翰逊所做的努力有了成效，只有少数学生依然如故，大部分都已改变了以往的不足。杰森不再是个贫嘴的小鬼，他已成为有智慧的人，班上举行讨论时，他的言论常常能够为大家提供乐趣；雪莉是个成绩只勉强及格的学生，但是她总是把头抬得高高的，充满自信，觉得自己是个既优雅又有品位的少女……

　　给"模范学生"的信很容易写。约翰逊赞扬他们字写得好，成绩好。而且他也没有忘记称赞他们的行为和性情，因为孩子对这些更加看重。

　　最后，当约翰逊开始写第三批信给那些不好不坏的"中间"学生时，骤然发觉自己竟然不记得他们中一些人的模样。然后，他明白了为什么会有那么多好孩子这么容易在自己这儿受到遗忘。他们说话不粗声粗气、举止比较斯文、性格温和不惹事，也不喜欢出风头。他们在莘莘学子中默默无闻，而他们之所以会这样，往往是出于自愿，但有时则是因为比不过别人。

　　最后一批信约翰逊写得认真仔细。他把它们分发给学生时，双眼一直看着他们的脸，直至看到他们回看他，才把视线移开。

给每个学生都写信之后，约翰逊感觉到学生与自己越来越亲近。那种感受美妙极了。他发觉教室里的气氛也已改变，那些学生也真正相信老师了解任何一个人，对老师也不再采取对立的态度了，每个人表现都比以前好。

在学生心里，鼓励、赞美比批评和歧视更有效。

2. 赞美比指责或惩罚更有效

海伦·慕斯勒是明尼苏达圣玛丽学校三年级的老师。在他眼里，全班 34 个学生无一不可爱，但马克·艾克路德却是个例外。他外表干净整洁，天生的乐观性格，使得他那经常性的捣蛋也变得可爱起来。马克常喋喋不休地讲个不停。慕斯勒一再地提醒他不许随意交谈。

而让慕斯勒印象最深的是每次他纠正马克时他那诚恳的回答："老师，谢谢你纠正我。"

刚开始慕斯勒还真不知该如何反应，但后来他逐渐习惯了马克每天几次的回答。

一天早上马克又变回原来的样子了。慕斯勒已渐失耐心。他犯了个新手常犯的错误。他注视着马克说道："如果你再说一个字，你就不能再开口了。"

不到 10 秒钟，查克突然说："马克又在说话了！"

其实，慕斯勒并未交代任何一个学生帮自己盯着马克，但既然已事先告知所有人这项惩罚，他就必须说到做到。

慕斯勒清楚记得那一幕，仿若就在今晨。他走向桌子，非常慎重地打开抽屉，取出一卷胶带撕下两片，在马克嘴上粘了一个大 ×。然后走回讲桌。

慕斯勒悄悄观察马克，他竟然向自己眨眼睛！ 慕斯勒不禁笑了出来！

　　当慕斯勒走回马克的座位撕去胶带，他没办法地耸肩让全班欢声雷动。 被撕去胶带后，马克的第一句话竟是："感谢老师帮我改正。"

　　那个学年结束后，学校要慕斯勒教中学数学。

　　时光飞逝，马克又成为慕斯勒的学生。 他比以前更英俊，而且像以往一样彬彬有礼。 由于九年级的"新数学"并不容易，他必须专心听讲，因此话也少了。

　　礼拜五好像总感觉不对。 事实上，他们整个星期以来一直在为一个新的数学概念"奋战"，而且慕斯勒察觉到学生越来越不自信，彼此间显得有些对立。 慕斯勒知道自己必须阻止争执加深。 所以，要他们在两张纸上列出班上其他同学的名字，每个名字间留点空隙。 然后，他要他们写下每个人的优点。

　　这项作业持续到了下课，每个学生离开教室时必须把作业交上来。 马克微笑着走出教室。 马克说："谢谢老师的教导，周末愉快！"

　　那个星期六，慕斯勒把每位学生的名字分别写在一张张纸上，而且他还写上了相关评语。

　　星期一，慕斯勒发了学生们的优点表。 有些人足足用掉了两张纸。 不久，每个人的脸上都露出微笑。 慕斯勒听见有人小声说："真的吗?" "我从来都不知道大家会这么想！" "我没想到别人竟然会这么喜欢我！"此后，没有人再提。 慕斯勒从来都没想过，学生会不会在课后或和他们的父母讨论那些字条，但其实已无所谓。 这个活动已达到预期的效果，学生又高兴了起来。

3. 尽可能以鼓励表扬来取代批评

一位同学在一次命题作文中，抄袭了一期杂志上的一篇散文。碰巧语文老师手里恰恰有这一期杂志。多年的从教经验告诉他，保护学生的自尊要用鼓励和赞扬，它的效果远胜于挖苦和指责。因为它给同学的，是正面的引导和促进。所以，他没有批评学生，而是在单独谈话时称赞这篇散文写得很好，并帮助他分析了文章结构和起承转合，鼓励他向更高的写作目标奋斗。结果，老师的赞美在这位同学心中留下了极为深刻的印象，从此他对写作产生了兴趣，硬是靠着执着和勤奋，成为省作家协会的会员。

一位年轻的姑娘和一个严厉、专横的男人结婚。他的父亲——一个喜欢命令儿媳的男人和他们生活在一起。对于他们的强迫命令和苛刻评价，她极力忍耐，但是，对于他们令人愉快、考虑周到的事情，如帮助她去食品店买东西，则给予热情地赞扬。不久这对父子变成了谦和有礼的人。

可见，赞扬的力量不可小视。哈佛大学藻类学专家 B. F. 斯金诺的实验也充分地肯定了这一点。他认为，鼓励不仅仅是奖赏和惩罚，它会影响行为，促使这些行为再次发生。当动物的大脑接收到鼓励的刺激，大脑皮层优势兴奋中心调动起各个系统的"积极性"，潜在的力量使行为受到影响。他说："我最初认识到这一问题，是在夏威夷海洋生物公司大型水族馆工作的时候。

"1963 年，我在那里训练海豚。与训练马和狗不同的是，对那些水生动物，不能使用皮带和马笼头，'积极的鼓励法'是我们唯一的方法。

"我们通常采取'条件鼓励法'。运用条件反射原理，把光、声音等原始信号，和一些基本的鼓励（给食物）联系起来，使它们头脑形成信号，并与鼓励和刺激反应建立稳固的联系。当信号一出现，就给出鼓励的刺激。海豚教练员们经常在喂食的时间吹口哨，口哨成了海豚的鼓励信号。我还曾见到，训练员后用香蕉引诱它们出来，动物们听到口哨，表演了一个多小时的节目。

"几年前，在纽约的布朗克斯动物园，看守人准备打扫大猩猩的笼子，唤它出来，猩猩不肯。无奈，看守人摇动手中的香蕉，想吸引它出来，可是，大猩猩不是不予理睬，就是抢走香蕉跑回原处。一个教练员看到这种情况指出：这种摇动香蕉的鼓励方法，之前没有建立条件反射就不能奏效。但是，运用'食物鼓励法'，就能达到目的。你应该把香蕉放在门前，让香蕉吸引猩猩自己走出来。果然，大猩猩见到门前的香蕉，就跑出去吃了。

"我把'积极的鼓励法'应用到日常生活之中，效果非常明显。我的孩子不爱劳动，尽管我总是指责他还是没有用，家庭的气氛也很紧张。我改变了教育方式，表扬他的好的行为，例如，看到他帮助大人洗盘子的时候，就用赞许的口气鼓励他，慢慢地，他就勤快地劳动了，家庭的气氛也和睦了很多。"

一般来说，鼓励有两种形式，肯定的和否定的。肯定的鼓励，会让行为主体感到满足。例如，给动物食物、爱抚、表扬等。否定的鼓励，指它不愿发生的事。例如，打它，对它皱眉头，或者发出不愉快的声响。然而只要发出肯定的鼓励信号，对方渐渐地就会有所改变。

假如你要某人打电话给你，他没有这样做，你不能鼓励他，因为你不愿看到这种行为；当他打电话给你的时候，你给予积极的鼓励，他会经常打电话给你的。如果你用否定的鼓励法，冷淡地对待他，可能很难再接到他的电话了。

通过上述事例我们可以看出鼓励的积极作用。

鼓励的力量是相对的，不是绝对的。鼓励也是有条件的。在你温饱的时候，就不宜用食物作为鼓励。但是，在训练动物的场所，这是各种鼓励法中最有效的方式。

在海洋上捕杀鲸鱼的人，也会采用鱼做诱饵，用抚摩、抓挠等鼓励方法，用引起群体的注意或者用玩具达到接近鲸鱼的目的。动物们不知道鼓励是猎人们设下的陷阱。它们的条件反射正是完成任务的关键。

鼓励是通过传递喜好信息发生作用。它准确地告诉对方，你喜欢、需要的是什么。在运动员和舞蹈演员的训练场上，教练的口令"对"或者"好"绝不是真的在评论某个动作，事实上，它意味着发出需要动作的一个信号。

鼓励要适时，掌握好时机很重要。当孩子们遇到挫折而灰心丧气的时候，我们应该经常鼓励他们想到成功的方面。

否定性的鼓励，要掌握分寸。父母或教师批评孩子，喋喋不休的话，主观的愿望是完成了，却没有形成反射，因而不会起到影响行为的效果。在传导理论中，它只能叫"噪音"。

某些"继续下去"的鼓励，仅仅在学习阶段是必要的。在孩子刚开始学骑车的阶段，你可以这样鼓励他："好，再大胆些！"当他学会了骑车后，就不能这样说了，不然孩子就会以为你告诉他，可以忽略安全问题了。

鼓励要是能带有变化则会更有影响力。训练海豚时，如果它每跳一次，就给它一条鱼，这种习惯的鼓励行为，会使它变得敷衍塞责。 但是，如果你偶尔地、变化性地鼓励它，它的行为就会稳固地持续下去。 训练员正是利用这种变化，鼓励海豚精力充沛地跳跃，从而提高了它的表演水平。

鼓励有时也可能出现偶然的巧合。 在考试的时候，当你咬铅笔杆时，产生了灵感，那么，咬铅笔杆可能就成为一个鼓励法。 许多行为就是这样形成了习惯。

可以用慎重的、健康的方式鼓励自己。 鼓励能让人摆脱焦虑和沮丧。 演员鲁恩·戈登的观点令人欣赏："一个演员必须有人赞美。 如果没有别人鼓励他，他就应该赞美自己，这样，有助于保持一种良好的舞台激情。"华尔街有一位律师是一个球类运动员，他对自己的每一个漂亮的射球，都高喊着给自己助威。 他说，过去他只看到失误，一直咒骂自己，自从运用鼓励自己的方法以后，他的能力越来越强。

如何让称赞获得最大的效果

1. 尽量花费时间来了解、赞美和帮助下属

凯莉夫人是一家著名美容院的老板，最近她正因一个下属而烦恼。

格蕾丝在美容院里已经干了近 3 年，是元老之一，也是技术最精湛的美容师。 每天至少有三分之一的老顾客是冲着格蕾丝来的。 正因为这一点，凯莉夫人才对她再三忍耐。 然而近一年来，格蕾丝变化很大，她脾气暴躁，经常摔东西，在办公

室与人大吵大闹、甚至动手，并且时时无故得罪服务对象。 凯莉夫人对此常常怒不可遏，又无计可施，毕竟好不容易找到一个优秀的美容师，况且格蕾丝还有更多的才华没有施展出来。万般无奈，凯莉夫人去求教有经验的老朋友。

朋友了解境况后，要求凯莉夫人用纸条写下所有她掌握的格蕾丝的情况，比如：她的生活背景、她的需求、她的担忧和烦恼、她经历过的失意和挫折、她面临的情境是否也会使普通人烦恼，等等。

起初凯莉夫人觉得一无所知，但仔细回忆一番，她吃惊地发现，当她客观地看待格蕾丝时，她竟了解有关格蕾丝的那么多东西，以前她却觉得她无法理喻，令人困惑不已，她与格蕾丝之间隔着一条鸿沟。

然而，当她开始动笔时，她吃惊地发现，她竟知道些答案了：

格蕾丝被一个她认作姑姑的人抚养大。 从未听她提起父母。

传言格蕾丝的"姑姑"与一些男性同居，其中有些因暴虐而知名。

格蕾丝患有气管炎，并且总不来上班。

她在美容院里没有知心朋友，男孩都不敢喜欢她，女孩也因为她的脾气而不愿与她接近。

周末常常被迫留下来加班（这使得她没什么机会和其他的同事交朋友）。

当凯莉夫人偶尔给格蕾丝额外工作时，她也能帮上忙，尽管需要不时地督促。

格蕾丝不可捉摸、富于攻击性、性格孤僻、脾气暴躁（如果另外一个人是像她那样被抚养大的，说不定会更糟）。但她也是因为遭受了不幸和冷遇。她有动人的微笑并且有时为大家准备小礼品。

最后进行分析时，凯莉夫人惊愕于没有为格蕾丝做得更多。当她冷静地看待她的情况时，凯莉夫人认识到，由于一直被忽视，格蕾丝极需受到注意，因为她不知道怎样表现才好，所以就一直靠捣乱来赢得注意。自己曾因为只注意到她不好的时候而把事情搞得更糟，现在要创造机会让她知道自己注意她的好的行为。她清楚，她能做些事情来帮助格蕾丝。具体说，她能够：

（1）不再责备格蕾丝的固有秉性，显然事出有因，不能怪她。

（2）尝试与她的亲人接触，给她尽可能多的安慰。

（3）当她因为气管炎而旷工时，保留她的工资。

（4）创造让她表现的机会，并当着其他员工的面表扬她。

（5）不再在周末工作休息时扣留她，给她更多时间交朋友，劝说其他一些同事来善待她。

（6）给她更多机会帮助做美容院的工作，肯定和感谢她的努力（当她做这些工作时，借机与她进行私下的谈话，以便更好地沟通交流）。

凯莉夫人很现实地知道，不可能马上转变她与格蕾丝之间的关系。但是她确信这是重要的一步。几周以后她发现情况大有改观。格蕾丝对这些善意做出了反应，不再暴躁，同时也更合作、更乐于助人。凯莉对她的表扬和关注使她在同事心目中更有地位，因而她变得更受其他人的欢迎，对他们也更加和善。

值得一提的还有，对格蕾丝态度的改变，使凯莉夫人更容易忍受格蕾丝，更好地理解她，在自己心中可以谅解她的所作所为。

这个例子表明，花点心思去了解别人，不但可以使他们的生活得到改善，也会使我们自己的生活更美好。凯莉夫人是一个细心、敏感的人，在解决问题之前只关注自己的问题而不关注她的问题，不是去挖掘原因，而只是注意自己对她的不满与愤怒。助人者常自乐。一旦她花费时间来了解、赞美和帮助下属，她就发现自己的管理变得更加得心应手。

2. 承认并满足下属的欲望

美国一家全国性的卡车服务公司，只稍稍做了一点变动就大大提升了他们的工作品质。那家公司的管理阶层发现每年的订单有万分之六会送错地方，这使得公司每年得额外赔上 25 万美元的损失，为此，公司特别聘请了戴明博士来分析、解决问题。根据戴明博士的观察，发现这些送错的案子中约一半是因为该公司的司机看错送货契约所致。为了能彻底消除这样的错误，使服务品质得到提高，戴明博士建议最好把这些工人或司机的头衔改为技术员。

一开始公司觉得戴明博士的建议有些奇怪，难道这么简单就能把问题解决？难道换个头衔便可以了？一段时间后绩效就出现了，当那些司机的头衔改为技术员之后不到 30 天，以前偏高的送错率一下子便下降到了万分之一以下，从此公司一年可以节省 25 万美元。

"承认欲望"是一种希望别人肯定自己的心情，也是人类奋斗的动力。如果能利用这种心理作用，即使面对琐事，或麻烦的工作，也能激起一个人的干劲。

有一所私立中学，在每年的结业旅行时，学校总会布置些任务，但历年来的学生对此都没有兴趣，根本不想去做。所以，有一年，学校就选了一些学生冠以"旅行委员"的头衔，结果很多人积极参加这些工作。事实上，工作的内容完全不变，只是冠上了头衔而已，这种做法也是为了满足学生们的荣誉感。

在现代社会里，以"头衔"为诱导的手段处处可见。一个政治家就是如此，例如他可能是××公司的董事长或经理，又是××学会的会长，有了这些荣誉，往往在竞争时会更有利。

头衔的功效，是建立在人的荣誉感的基础上的，推动肯定的欲望的诱导术，就好像是给人挂上一个正当的名分一样。有一家中小企业的柜台服务小姐，服务热情不高。有一天，她的上司对她说："你是最好的柜台小姐，就像站在第一线的重要业务员一样。"自此以后，这个柜台小姐的态度就大大改变了。从前，这个小姐总认为自己的工作毫无价值，可领导者的话激起了她的干劲。

对意志消沉、没有干劲的职员，最好能让他参与一次重要活动。有些工厂已经开始采用质量管理制度。这种做法就是听取在场职工的意见，一边修改流程，一边提高质量。这种方法是集合全体力量，它不仅提高了质量，还集中了大家的智慧，提高了员工的"参加意识"。

所谓"参加意识"，内含了影响动力的重要因素。人的内心对和自己有关的事情，会产生一种"想了解得更深"的"参加欲望"，即便有意暗示自己不要在意，但这种想法却违背了潜在的心理要求。例如，平常总因为会议无聊而避免参加，但要是想到只有我一个人没去参加，就会有强烈的被隔离感，这时由于没有得到认同，就产生了一种不满的心理。

听取对方建议，充分地满足其参加欲望，就是对对方的一种认可，它能使对方产生强烈的参加意识，在不知不觉中，态度更认真、干劲更充足。

3. 对下属的工作表示赞赏和认同

能调动个人积极性的不只有物质利益。当你问员工们是什么让工作变得有吸引力时，首要因素通常不是钱，而是上级对他们工作的赞赏与肯定。一位聪明的管理者总结出以下 6 个既不花费金钱又能有效激励职员的方法。

（1）取消意义不大的"当月优秀职员"评选活动。如果评选权在管理者手中，职工们不明真相，会认为那是"政治"活动，因而丧失兴趣。若是把工作成绩作为评选标准，成绩突出者总是那几个；机会均等的轮流获奖就更不会激起员工的干劲儿。但是若能想办法让客户给职工一些额外奖励，效果就大大不同了。比如，一位客户储存了一批帽子可用于促销，你就可以安排他们给参与项目的职工每人发一顶，这将会使员工感觉到他的工作存在其他的附加效益。当别人问他："嘿，你在某某公司的工作怎么样？"他会说："工资不高，但时常会有些福利。"

（2）要重视口头表扬。对于利益高于一切的人来说，口头表扬可能是"只听楼梯响，没见人上来"，但对于追求上进的员工来说，它却意味着鼓励。口头表扬被认为是当今企业界中最具实用性的激励办法。

（3）保持肯定的态度。要激励那些有问题意识、有想法的员工，尽管他们的想法并不总切实可行，但作为管理者，你应该倡导百家争鸣、百花齐放，让他们畅所欲言。唯其如此，企业才可生机勃勃。如果你让员工体会到他们是公司的主人，员工们就会主动替公司分忧。

（4）合理恰当地运用身体语言。皱眉头、瞪眼睛、指手画脚，而所有这一切都会被看作领导者的权力欲和控制欲，而不是员工们值得依赖的小心翼翼的领头羊，其结果必然会使员工产生敌对情绪，合作便举步维艰。

（5）将权力下放给下属。一位低薪员工说："领导者有一次对我说，'这些都需在下午之前装进盒子，打上标签，装进货箱后运到车库，等你做完了，还有别的事情要你帮忙。'然后就走开了。这让我感觉自己是程序中重要的一环，领导对我的信任使我受到鼓励，要证明自己能做好，不让他失望。"

（6）要适度放松和宽容他人。管理人员对员工们偶尔的小小违规行为若能持微笑但缄默的态度，也能营造公司内部健康、和谐的气氛，使员工们感受到宽松的环境，从而愿意更好地为你工作。

4. 尊重下属、鼓励下属创造效益

如果你因下属工作松懈而恼火，你大概忘了自己对此也疏于管理。十个指头有长有短，你的职责就是让长短都创造效益。如你能尊重下属，同时鼓励他们，使他们感觉被信任，那么，他们也一定会和公司同舟共济。

在今天的企业中，高层员工往往受到额外关注，但是普通员工的命运却不容乐观。虽然这些员工与高管同样承担重要的职责，他们制造出产品，使设备保持运转，处理日常文件，与客户直接打交道。总而言之，若不是他们辛勤地工作，企业就不可能兴旺发展。

然而，在这些员工和他们的上级之间却存在着不小的距离。员工认为自己的工作吃力不讨好、单调乏味、毫无前途，所以自己没有必要卖力工作。而在上级眼里，这些员工的技能低、流失率高、职业道德差，所以，根本不愿意花费精力、资金去培养他们。

研究结果表明，普通员工中普遍存在七种类型的消极行为：

（1）低于最低工作要求。

（2）对别人和自己都不够尊重。

（3）对自己的职责没有明确的认识。

（4）缺乏合作精神。

（5）交际能力欠缺。

（6）行为情绪化。

（7）对工作的承诺水平不高。

通过调查发现，受访的经理、培训师和转岗培训计划负责人频繁地提到的一句话是："他们缺乏职业道德。"

但是，对普通员工进行调查分析后，呈现在我们眼前的就是另一幅画面了。多数受访者不同意管理者的普遍看法——"受访人群总体上缺乏职业道德。"大多数普通员工非常渴望在工作中有所建树，并且希望其工作对个人未来发展有利。虽然大家都表示希望通过工作来改善生活和发展事业，但受访人群却认为，就现有的工作而言，没有可能达到预期。

是什么原因使这些普通员工放弃自己的目标，工作表现令人不满意呢？调查结果显示，原因各种各样：

（1）同事的工作完成不好。

（2）上司压制。

（3）畏惧超过同事的心理。

（4）员工流失率高。

（5）同事间缺乏相互尊重。

（6）上司的赏识和肯定不足。

（7）自我控制能力差。

也许管理者和员工对导致工作业绩差的原因存在差异，但是他们对所观察到的事实却没有异议。双方一致认为上述的行为和状况亟待通过改变评价员工能力的标准来实现。

大多数企业仅给普通员工提供基本技术技能培训。根据丹尼尔所著的《情商管理》一书中的研究显示："从企业长期发展角度看，即便对于第一线工人来说，诸如个人情绪管理能力、人际交往能力和团队合作能力要远比工作基本技能和智商重要得多。"当丹尼尔对121家企业中181个不同职位员工的能力标准进行研究时，他发现其中67%的工作需要的能力不是技术技能而是情商，比如个人的自控能力、专注力、信任度、为他人着想以及处理事情的能力等。

丹尼尔的研究表明了沟通能力、团队合作能力及生活管理能力的重要性，另外，还证实了被研究的受访人群所缺少的包括尊重他人、团队合作等一些具体能力。丹尼尔指出，要想掌握并运用这些能力，大多数员工必须克服至少一个个人障碍，而每一个障碍都需要通过接受培训来克服。

员工自我评价过低是工作绩效不达标的一个原因。缺乏工作经验、缺乏正规教育、缺乏赏识、缺少良好的工作习惯、长期依赖他人、工作失误较多，这些或其他的状况使得受访人群中的大多数人无法突破现状。

所以，当提高上述这些能力成为培训的重点时，首先，要做的是让受训者做出正确的自我评价，而自我评价又在很大程度上影响着培训。

研究发现，许多员工能够清楚地认识到职业道德的重要性，那么为什么良好的职业道德不能体现在员工的日常工作中呢？通常员工将业绩差的原因归咎于领导的管理水平低，例如，我们经常听到一些管理者这样训斥下属：

（1）"努力干活，否则就卷铺盖回家。"

（2）"做你的事，不要多想。"

（3）"照我说的去做。"

（4）"我是领导者，你不是。"

诸如此类的情况虽然并不能证明业绩平平一定是领导水平低引起的。不过，这里提出了一个更深层的问题，经理们该接受怎样的培训才能给予普通员工他们所需要的。

（1）经理们是否通过尊重员工来给员工一个相互尊重的工作氛围？

（2）经理们是否在团队合作方面给员工作示范和辅导？

（3）经理们是否对员工影响其他同事的过激行为置之不理？

（4）经理们如何激发业绩不佳的员工努力工作？

（5）经理们是否经常对团队和员工的工作成果表示肯定和赏识？

（6）企业的奖励机制对激发员工的工作热情是否有效？

缺乏培训、缺乏榜样、缺乏综合素质高的领导，领导赞美不够得体或及时等，这些因素导致了大多数员工不能或不愿意积极地学习新知识、清楚地传达信息、与团队合作、抓住机遇、控制个人情绪和正确处理个人工作和生活的关系。

研究发现，适时和恰当的赞美能够使每个人去努力创造一个共享的、高效率的和相互尊重的工作环境。

5. 使部下最充分地发挥自己的作用就是对他最好的赞美

一个聪明的领导者，总是设法使部下充分发挥其才能，从而使他感到领导的信任重视和自身的价值。事实上，这是对下属赞美的最佳方式，具体可采用下面的策略：

(1)照顾每一位部下

关心每一个人，对每个部下在完成自己工作时可能遇到的问题要做到心中有数，并予以尽可能多的关照。注意不要总是让你的部下因为某些小问题和麻烦而感到失望。由失望而产生的抱怨和牢骚会给团队带来一种不满的情绪，使士气不振，工作效率降低。

(2)将权力下放给部下

当你指派部下去做某些工作时，应该让他靠自己的能力把事情做完，不要总是指手画脚。当他遇到解决不了的事情时，自然会来请教你。那时，你再做些适度的指导并不嫌晚。

(3)对部下的看法充分重视

要尽可能多地听取部下的建议，只要有可能，就尽量采用。一定不要断然否定部下的观点，也不能流露出漫不经心或轻视的神情。不能立即决定能否采纳的，要答应回去仔细研究一下，而且要确实去做，然后，再给予郑重的答复。这样才不会挫伤他们的积极性，从而使你的团队充满激情与活力。

(4)不要随意中断部下的工作

在一般情况下，你不要强迫部下停止手中未完成的工作而去做另一项工作。 一个人被迫中断了全神贯注从事的工作会感到沮丧，而且，重新做被中断的工作会比原来多花很多时间。

（5）要清晰地布置工作

不要在委派工作时只简单地说："去做这件事吧。"要使部下对将要从事的工作感兴趣，就要告诉他你的动机和目的，使他因受到重视而充满动力。 只有这样，他才可能卓有成效地执行任务。

（6）对部下的工作给予大力支持

如果某位高级经理或主管人收藏的资料中，有你的部下改进工作所需要的东西，你就应该亲自出面帮助部下协调拿来所需资料。 毫无疑问，你的支持对部下的工作是有决定意义的。 为此，他们会产生一种报答你的愿望，从而加倍努力，将工作做得更加有声有色。

（7）对部下的工作条件表示关心，为他们解除后顾之忧

不要使部下为找红笔、胶水之类的东西而浪费时间。 如果部下们由于刺眼的阳光而感到眼部不适，或是由于空调损坏使他们满头大汗时，你就应该过问一下。 要防微杜渐，不然，会浪费大量的时间和资金。

6. 采用最有效的称赞激励方式

称赞的方式各种各样，如直接赞美法、间接赞美法、超前赞美法、中介赞美法、转借赞美法等。

上司对下属的称赞一般可采用直接赞美法和间接赞美法。

直接赞美，即当着对方的面，用清晰明确的语言表示赞许；间接赞许，即运用眼神、动作、行为等向对方表达你的赞赏之情。

上司对下属怎样称赞才能使下属感受到赞许呢？下面几种方法可供参考。

（1）对称赞对象做明确交代

如："老李，今天下午你处理顾客退房问题方式极为恰当。"这种称赞是你对他才能的认可。

（2）理由充分地称赞

称赞时有理有据，可以使对方领会到你的称赞是真诚的。如："要不是采纳了你的建议，这次公司就要损失巨大了！"

（3）针对具体事件进行称赞

如："你今天在会议上提出的维护宾馆声誉的意见很有见地。"这种称赞不仅比较客观，还容易被对方接受。

（4）对业绩突出者的称赞

这种称赞，会给人带来满足感。如，办公室秘书小高在一次竞赛中获得"年度新闻稿件一等奖"。拿回证书后，马局长盛赞小高："小高，不错。你的那篇稿子我拜读过，文笔流畅，观点突出。继续努力，前途无量啊。"

（5）即时称赞

这种称赞与"趁热打铁"同理，易被对方接受。

（6）对其成就和努力加以表扬，容易使对方产生"知己"之感

财务科会计小闫在全市财会人员珠算竞赛中获得二等奖，马局长高兴地说："这次获奖，来自于你的长期付出。这就叫功夫不负有心人。没有日常的努力，是不可能取得好成绩。好！好！"

要学会欣赏和赞美别人

1. 所有的人都欢迎欣赏和赞扬

根据心理学的层次理论，自尊和自我实现是一个人较高层次的需求，它一般表现为荣誉感和成就感。而荣誉感和成就感的取得，在得到他人和社会认可时最强烈。而赞扬的作用，就是把他人需要的荣誉感和成就感，拱手送到对方手里。

人们常常忽视，对别人表示欣赏和赞扬这一美德。当我们的儿子和女儿取得好成绩的时候，我们竟然忽视掉，而没有对他或她加以赞扬；或者是当他们第一次成功地做出一块蛋糕或做好一个鸟笼的时候，我们却忘了鼓励他们。没有任何东西比父母对子女的这种关注和赞扬，更能激励子女奋进。

下一次你在饭店吃到一道好菜时，一定要记得说这道菜做得不错，并且把这句话传给厨师。而当一位奔波劳累的推销员对你以礼相待时也请你给他赞扬。

每一位传教士、教师以及演讲的人，都曾遭遇过掏心掏肺却没有得到听众一句赞扬的话而倍感失望的情形。

那些在办公室、商店以及工厂的工作人员，还有我们家里的人和朋友，也会有这种经历。

不管你到了什么地方也不管什么时候，不妨多说几句感谢的话，留下一些友善的小小火花。你将无法想象，这些小小的火花怎么能够点燃起友谊的火焰。而当你下次再到这个地方的时候，这友谊的火焰就会照亮你。

2. 赞扬就像是照在人们心灵上的阳光

玛丽作为一名见习服务员，在熙熙攘攘的纽约杂货商店里忙活了整整一天之后，已累得精疲力竭。她的帽子歪向一边，工作裙上被点点污渍沾满，双脚越来越疼，装满货物的托盘在她手中也变得越来越沉重。她感到疲倦和泄气："看来一切在我手中都干不好。"

玛丽好不容易为一位顾客开列完一张烦琐的账单，这家人有好几个孩子，他们三番五次地更换冰激凌的订单。

玛丽真的准备撒手不干了。

这时候，这一家人的父亲一面递给玛丽小费，一面笑着对她说："服务得很好，你对我们照顾得真是太周到了！"

就在这一瞬间，玛丽的疲倦感就无影无踪。她也回报以微笑。后来，当经理问到她对头一天的工作有什么感觉时，玛丽回答说："挺好！"

那几句赞扬好像改变了所有的一切。

如果几句话就能给人们带来这样的满足，我们何乐而不为呢？

3. 人人都有值得称道的地方

卡耐基在纽约的一家邮局寄信，发现那位管挂号信的职员很不耐烦自己的工作。于是，他暗暗地对自己说："卡耐基，你要让这位仁兄感到快乐，要他马上喜欢你。"同时，他又提醒自己："如果要他马上喜欢我，一定要说些让他高兴起来的好听的话才行。而他，有什么值得我欣赏的呢？"非常幸运，他很快就找到了。

当他称卡耐基的信件时，卡耐基看着他，很诚恳地对他说："你的头发太漂亮了。"

他抬起头来，感到些许的惊讶，脸上露出了无法掩饰的微笑。他谦虚地说："哪里，不如从前了。"

卡耐基对他说："这是真的！"

他高兴极了。于是，他们愉快地谈了起来，在卡耐基离开的时候，他对卡耐基说的最后一句话是："很多人都向我询问保养头发有什么秘方，其实它是天生的。"

事后，卡耐基说："我敢打赌，这位朋友当天走起路来肯定是飘飘然的；我敢打赌，晚上他肯定会向太太详细地叙说这件事，同时还会对着镜子仔细端详一番。"

卡耐基给一位朋友讲述这件事，朋友问卡耐基："你为什么要这样做？你想从他那里得到什么呢？"

卡耐基说："是的，我想要得到什么？什么也不要。如果我们只图从别人那里得到什么，那么我们就无法给人一些真诚的赞美，那也就无法真诚地把快乐带给别人。如果一定要说我想得到什么的话，告诉你，我想得到的只是一件无价的东西。这就是我为他做了一件事情，即使他对我并无回报，在我心中也会产生一种满足之感。"

是的，真诚地对别人值得赞美的地方说出自己的心里话，对别人对自己都很有用。

如同艺术家给别人带来美的时候感到愉快一样，任何掌握了赞扬艺术的人都会发现，赞扬不仅给听者带去了极大的愉快，而且也把极大的愉快带给了自己。它不仅给平凡的生活带来了温暖和快乐，还把世界的喧闹声变成了音乐。

人人都有值得称道的地方，我们只需要把它说出来就好。

4. 恭维别人不要过于随便

对于不了解的人，最好先不要深谈。只有等你发现他喜欢的是哪一种赞扬时，才可进一步交谈。最重要的是，不要随便恭维别人，有的人对此会感到厌烦。

赞美别人时，首先要让人乐于相信并且接受；其次要优美高雅，不能俗不可耐；再者不可过于直白，毫无特点。

把握好赞美他人的"度"

赞美的话人人都爱听，但"真理向前跨越一步就是谬误"，人们对适度的赞美会感到舒畅；反之，则会感到十分尴尬。

1. 注重过程

这些情况我们可能都体验过。当你夸奖朋友取得的成绩时，他会说："你不知道我付出了多少心血！"言语间流露出你不知其艰辛、看结果不看过程之意。相反，如果你说："真不错，一定花了你许多的心血吧！"就会使他觉得心里舒服，认为你很了解他。可见，夸奖劳动的付出是必不可少的，甚至效果更佳。

其实，很多人做事注重过程胜于在乎结果。如果你人云亦云地夸奖他取得的成果，不但有势利之嫌，还会让人这样想："要是我失败了会怎么样？"因而对你心生厌恶也未可知。很多名人讨厌记者的采访，也许就有此同感。

2.及时赞美

赞美应见机行事、适可而止。

某电视台的老张是一名老编辑，他工作总是勤勤恳恳。在他生日时，全室人员为他庆祝，新闻中心主任在祝词中是这样说的："多年来老张工作勤勤恳恳，甘于奉献，却从不争荣誉、邀功劳。在您生日之际，我代表全室人员祝贺您！"主任的一番话令老张很感动，他认为这是领导对自己的肯定。

你把下属当成左膀右臂，使他人认为自己很重要，这样赞美别人又怎么会不赢得人心呢？

3.频率适中

这里的频率是指相对时期内赞扬同一个对象的次数。次数太少，起不到应有的作用；次数太多，应有的效果也会被削弱。而赞扬的频率是否适中，是以受赞扬者优良行为的进展程度为尺度的。如果被赞扬者的优良行为同赞扬的频率成正比，则说明达到了适度的赞扬频率；如果呈现反比，则说明赞扬的频率已经到了"滥施"的程度。

4.要有前瞻性和预见性

赞美不仅要符合眼前的实际，而且要高瞻远瞩，前瞻性和预见性是必不可少的。那样才能提升你赞美的高度，你的赞美才能经得起推敲和时间的考验。

有些东西是相对稳定的，比如，人的容貌、性格、习惯等，这方面比较容易称赞；而有些东西则不稳定，如人的行为、成绩、思想、态度等，若从长远考虑，要谨慎地进行赞美。如有些人入党之前各方都有很积极的表现，入党之后，他各方面就开始松懈了。人被某种压力或某种需求压迫时，才会有积极的表现，做一件好事很容易，一辈子都做好事却很难。如果赞美人时仅限于就事论事，极易犯目光短浅的错误。

用谦卑的心去赞美

1. 虚心请教

有时，在一个人的爱好已变为众所周知之时，对于你的赞美和恭维，他会没什么感觉，如一阵风吹过耳畔，脑中留不下半点痕迹。这时，只要你进行一番虚心讨教，做毕恭毕敬状，他定会耐心地向你传授其中"诀窍"。

于飞到一位擅长书法的老师家去拜访，书法便自然成为话题。于飞谦虚地说："林老师，这些年我虽然努力练字，书法水平却没什么提高，恐怕主要是不得要领，请您稍稍泄露点'秘诀'如何？"林老师非常兴奋，绘声绘色地讲起他的书法"经"来："我最大的体会就是练字'无剑胜有剑'，就如令狐冲练剑一样，并非整日坐在那里练字不可……"于飞非常高兴地说："现在得您'真经'，以后用心去练，定会大有长进。"林老师很高兴，临别时还给于飞送了几幅让他临摹的字。

这说明了"无赞胜有赞,无声胜有声"。

2. 欣赏其优势

有时,你面对的人群有优越心理,你很难同其进行交流,谦卑的赞美将是最好的敲门砖。

这是李运生自述的一个经历:

"大千世界,人们素质各不相同,而一旦我们把握听者的脉搏说话,就会使其像小禾吮甘露一样,顿感滋润和妥帖。 一次,我在某大医院教歌的时候,开始,人们对我这个'当兵的'并不'感冒',以致工会干部介绍我时,并未引起人们的注意,下面仍然叽叽喳喳聊个不停。 面对这种情景,我拿出喊口号练成的嗓门先喊了一句话:'同志们,请大家给我这张陌生的面孔一个礼节性的回报,静一下。'这一软中带硬的祈使句,令场上立马静了下来。 我接着说:'现在我站在这里,心里很紧张,因为我们这所医院集中了全省医学界学历最深、水平最高的专家和学者,大家的职责就是拯救生命、延续生命,最讲究争分夺秒。 所以,我没有用我多余的话来浪费大家生命的权利,我的义务是把我支配的这块时间都用于教歌,我希望我们的合作不会留下任何遗憾和不愉快。'一席话说到了大家的心里,人们安静地回到自己的座位上,认真地学唱歌曲,再也没有因为维持秩序而耽误时间。"

李运生针对对方基本素质的状况说话,对其优势进行了慷慨而准确地赞赏,称"学历最深、水平最高的专家和学者",并强调其工作的重要性、崇高性,让人易于接受。

谦卑之心,并没有削弱你的形象,反而令你更为真实可爱。承认别人的优势，尊重并欣赏别人的优势，你会拥有更多的朋友，更多的沟通，更多的快乐。

3.肯定其强项

俗话说："尺有所短，寸有所长。"通过细心的观察，你将发现弱者也有其强项，充分肯定他，你将变得更有人缘。谦逊而诚挚地赞美别人，他就能够扬长避短，更好地发挥其优势；同时，一个谦逊的人因懂得欣赏也会更富人格魅力。

迈克尔·乔丹不仅是家喻户晓的篮球明星，而且是美国青少年崇拜的英雄人物之一。他在篮球场上的高超技艺举世公认，而他在待人处世方面的品格也很值得敬佩。其中有一个突出的特点，就是他很擅长发现和赞扬别人的优点和长处。

为了使芝加哥公牛篮球队连续夺取冠军，乔丹意识到必须把"乔丹偶像"推倒，以证明"公牛队"不等于"乔丹队"，1个人绝对胜不了5个人。人们常忽视这个浅显的道理。在训练中，乔丹执意要将队员们的信心鼓动起来，变"乔丹队"为5个人的"公牛队"。

有一次，乔丹向队友皮蓬问道："咱俩谁投3分球更好些？"

"你！"皮蓬说。

"不，是你！"乔丹极其肯定。

乔丹投3分球的成功率为28.6%，而皮蓬只有26.4%。但乔丹对别人解释说："皮蓬投3分球的动作规范、自然。他对此很有天赋，以后还会更好。而我投3分球还有许多弱点！"

乔丹还告诉皮蓬，自己多用右手扣篮，或习惯性地用右手帮一下。 而皮蓬双手都行，用左手更好一些。 连皮蓬自己都未注意到这一细节。

皮蓬是公牛队最有希望超越乔丹的新秀。 小乔丹3岁的皮蓬被他视为亲兄弟。 他说："每回看他打得不错，我就非常高兴，不然则很难受。"

1991年6月，在美国职业篮球联赛的决战上，皮蓬夺得33分，超过乔丹3分，成为公牛队在这个赛季的17场比赛中得分首次超过乔丹的球员。 这是皮蓬的胜利，更是乔丹的胜利。

发自内心的称赞最能使人愉快

一个人心存感激和赞誉他人是一种美德。 不能发现别人优点的人，要么非常优秀，要么极其狂妄。 我们为何看不到周围的人的优点呢？ 既然能看到他们的优点，为何不能由衷地赞美呢？ 发自内心的赞美别人和诚恳地批评别人一样会令人欣慰。

一位举止优雅的妇女对一个朋友说："今天晚上你做了一次十分精彩的演讲。 我情不自禁地想，你当一名律师该会是多么出色！"这位朋友听了评语后很是意外，像小学生似的红了脸，露出无限感激的神态。

真心诚意的恭维可以打动所有人。 哈佛大学弗尔帕斯教授经历过这样一件事：

有一年夏天，天气又闷又热，他走进拥挤的列车餐车去吃午饭，在服务员递给他菜单时，他说："那些在炉子边烧菜的小伙子肯定不好受。"

　　那位服务员听了后意外地看着他说："上这儿来的人要么抱怨这里的食物，要么指责这里的服务，要么就是由于车厢内闷热而大发牢骚。19 年来，你是唯一对我们表示同情的人。"

　　古谚云："精诚所至，金石为开。"在称赞之词从舌间流出时，很大程度上，言语中包含的真诚已完全显露出来，传到被称赞者的脸上或者心中。所以，只有真诚的称赞，才能使别人感到称赞者是在发现他的优点，而不是明显功利地去称赞他，从而使他自觉自愿地"打开"称赞者所需要的"金石"，以达到称赞的最终目的。

第四章

掌握尺度，会说话能化解尴尬与矛盾

以含蓄的语言表达不满

有一家公司的餐饮部不仅食物的味道很差，还收费昂贵。员工们很是无奈，每逢吃饭时就会用一种特殊的方式提醒餐饮部的工作人员。

一位顾客在购买一份菜之后，立即叫了起来。他用手指捏着鱼尾巴把鱼从盘子中提起来，冲着餐厅负责人喊道："喂，你过来问问这条鱼吧，它为什么减肥成这样？"

另一位员工要的是香酥鸡，却发现没有鸡腿，于是也叫起来："上帝啊，这只鸡难道没有腿？它又怎么能够上到餐桌上呢？"

由于人们的思维逐渐趋向于理性，因此，人们不必用愤怒来解决问题，许多问题其实他们自己也知道，只不过需要有人指出罢了。但是，如果你义正词严地当众指出他的错误，有时反而不能获得好的效果。所以，只要含蓄地表达出来让对方领悟就可以了。

一天，瑞特穿着一件旧衣服去饭店。当他走进饭店大门后，既没有人出来迎接他，更没有人招待他。这时瑞特才知道，在座的每一位都是西装革履，服务员对待他们彬彬有礼、服务周到。

于是，瑞特回到家里，换上好衣服又去了饭店。当他刚踏入饭店大门时，服务人员便出来迎接，并且把他引到了一个特别好的位置。 不大一会儿，他点的菜就端了上来，服务员还特别热情地说："先生，请慢用。"

只见瑞特麻利地脱下外衣，将它妥帖地放好，说："衣服吃饭了。"

服务员好奇地问："先生，您这是什么意思？"

瑞特说："我也要把我的外衣款待好啊。 你们这里的酒和菜，不是给衣服准备的吗？"这样既委婉含蓄地表达了自己的不满，又保全了修养。

饭店服务员听到这话后特别不好意思，连忙向瑞特道歉。

含蓄的语言虽然不能起到使枯木重生的作用，但却能活跃谈话的气氛；虽然不可以解决大的纠纷问题，却能将事情点到为止；虽然可能达不成与犯错者的共识，但也可以让彼此心中有数。 所以，指出别人的错误的时候，最好选择含蓄的表达方式。

要学会及时补救口误

说出去的话，泼出去的水。 虽然说出去的错话很难收回来，却也并不是徒然无法。 只要掌握许多处事的技巧，就可以将口误修补得天衣无缝。

丽莎是一名空中小姐，平时非常注重语言的学习，她们经常要接受一些特别的训练。 尽管是这样，在平时的工作中，出现口误也是在所难免的。

有一次，丽莎和往常一样本着顾客至上的服务精神，诚挚地服务顾客。

当她向一对外籍夫妇询问他们的幼儿是否需要早餐时，那位男乘客礼貌地用中文回答说："不用了，我们孩子吃的是人奶。"

此时丽莎却没有听清他的回答，为表诚意，她又补充了一句说："哦，是这样，如果您孩子需要用餐，随时通知我就行了。"

男乘客被丽莎的话惊呆了，片刻后大笑起来。 丽莎也因为自己的口误而尴尬起来，站在原地，不知如何是好。

与人交际中，确实难以避免口误。 虽然其中的原因各有不同，但造成的结果却大同小异，要么贻笑大方，要么纠纷四起。

基于口误造成的后果有时会很严重，在口误产生之后，一定要用好脑子，并且用合适的语言试图弥补，挽回自己的面子。

现实生活中，死要面子活受罪的人比比皆是，他们认为及时纠正、弥补自己的口误是懦弱的表现，所以，他们宁愿继续错下去，也不会承认自己的失误，这样结果可能更不好。

1976 年 10 月 6 日，美国专门为总统的选举举办了一次辩论会，福特总统及其竞争对手卡特参与了辩论。 福特总统在《纽约时报》记者马克斯·佛朗肯关于波兰问题的质问下，做了"波兰并未受苏联控制"的回答，并强调了"苏联强权控制东欧的事实并不存在"。

福特总统的错误显而易见，当时马克斯·佛朗肯及其他很多记者立刻提出了质疑，反驳他的解释。 起初，马克斯·佛朗肯的反驳语气还比较委婉，希望福特可以借此更正自己的话语。

马克斯·佛朗肯说："向您提出这个问题我觉得有些不好意思，但是从您的回答中，我是否可以理解为您在肯定苏联没有把东欧化为其附庸国？也就是说，苏联没有用军事去控制东欧？"

明智的人会立即弥补自己的口误，福特总统却没有这样做，他觉得自己身为一国总统，在全国观众前丢脸，是不明智的做法，于是，他决定继续错下去，结果当然是沉重的。

选举辩论会结束后，各电台、报纸、杂志都刊登了这次电视辩论会的内容，都是福特失策的报道，他们不由得问："难道福特总统是个不打折扣的傻瓜吗？为什么他要像驴子一样顽固不化呢？"卡特一再地抓住福特的口误，使得福特的口误在当时闹得沸沸扬扬。

大凡聪明的人都不会在口误面前强词夺理，一般都会坦白地承认，并及时给予补救。或许在别人还没有发现他们的口误时，就用长篇大论的真理将自己的过失掩埋了。这种做法不但弥补了过错，还让他人为其豁达的胸怀钦佩不已。

与福特总统相比，美国另一位总统的表现就要好得多。

有一次，美国总统里根去访问巴西，因旅途上的原因，在欢迎宴会上，他出现了一次严重的口误，他说道："女士们，先生们，大家好！今天，真的为能访问玻利维亚而高兴。"

当他讲完这句话后，在场的人都吃惊不小，里根的助手在一旁提示他出现了口误，里根立即改口说道："很抱歉，前不久我们访问过玻利维亚。"

事实上，他并没有访问过玻利维亚，但是为了补救这次错误，而撒了一个小谎。在场的所有人都还没真正去计较这个口误时，他那滔滔不绝的长篇大论已经淹没了他的口误。这种弥补口误的方法，某种程度上给自己保全了面子。值得强调的是，出现口误后，最重要的一点就是要及时发现，不失时机地用巧妙语言加以弥补，否则等他人都注意到你的口误后，再去弥补就困难多了。

通常情况下，弥补口误有以下三种方法值得人们借鉴：

1.转移法

所谓转移法，就是将说错的话从自己转移给别人。例如："这是某些人的观点，而我却不这样认为，我认为……才是正确的。"这样一来就给自己弥补口误创造了一个很好的机会。即使别人意识到了你的这一过失，可你这么一说，对方也不能抓住你的"尾巴"不放，因为你说的话并没有什么不对。

2.转折法

所谓的转折法，意思是说不要在出错的地方继续纠缠下去，立即转移话题，避免越陷越深，然后，再在错误言辞后面接上一句："然而正确说法应是……"或者是"刚才的说法有不够严谨的地方，还应加以补充……"这样一来也就将口误甩到了一边，迅速换成自己的正确想法。

3.意思延伸法

意思延伸法，即把错误的言论不断引导成正确的结论。当你意识到自己发生了口误时，索性将错就错，然后把你原先错误的意思转变成其他的含义，使之逐渐走向正确。值得注意的是，在进行延伸的过程中，一定要选用适当的言辞，小心弄巧成拙。

说话出现口误虽是不可避免，但在处事过程中，应尽量避免，或者说降低这种错误出现的频率。如果不慎出现口误，也不用惊慌失措，动动脑筋想出最巧妙的语言给予弥补就可以了。

学会适当自嘲消除隔阂

自嘲的好处很多，比如，可以用自嘲的方法给自己搭建台阶，避免尴尬与难堪，还可以维护自己的自尊。不过，在采用"自嘲"的说话方式时应注意场合、把握时机，否则不但下不了台，更可能会弄巧成拙。

自嘲要审时度势，见机行事，不能随意使用。此外，对待自嘲者必须端正态度。因为，自嘲中包含着自嘲者强烈的自尊心，自嘲就是为了调节氛围，摆脱尴尬的束缚。那么，如何自嘲才适当呢？以下几点可供参考：

1. 用自嘲消除别人的偏见

约翰·马克是美国著名的黑人律师。1862 年的一天，约翰·马克准备发表一个演讲，当他意识到在座的观众都是白人，而其中很大一部分人对黑人都抱有偏见时，他临时修改了演讲的开场白，说："女士们，先生们，我到这里来与其说是做演讲，不如说是给这一场合增添一点'色彩'……"

听到这一与众不同的开场白，听众们都大笑起来，原本严肃的气氛一下子也活跃起来，对立的情绪也在无形中消失了。虽然他后来的演讲言辞激烈，但听众中没有出现过激的反应，演讲很成功，成了演讲史上的著名篇章——《要解放黑人奴隶》。

生活和工作中，每个人都会被误解。误解你的人或多或少会对你有一定程度的偏见，这是很难避免的事情。偏见就像一道鸿沟，隔离了友善与理解，给人们造成了很深的误解。如果不能及时将偏见消除，人际关系就很可能会被破坏，久而久之，会落得"孤家寡人"的下场。有些人认为：偏见一旦产生是无法消除的。因为要想改变一个人的意识，绝非易事。事实的确如此，但是如果能妙用自嘲法，让别人不再对你存有偏见，就显得十分轻松了。特别是遭到别人攻击前，若能先发制人，以自揭伤疤的方式，降低别人的对立情绪，就能逆转形势，变被动为主动。这一招，用在与陌生人打交道时，效果惊人。

2.以自嘲应对"揭短"的人

曾有一位作家，出版了一部长篇小说，刚上市不久，就得到了大家的一致好评。但是，却遭到了另一位作家的嫉妒，这位作家跑去问他："这本书写得还不错，是别人替你写的吧？"他答道："先生你很聪明，非常感谢你给予这部小说的评价。但我也想问一句，是谁替你把它读完的？"这位作家灰溜溜地离开了。

遇到这种揭短的人，不妨采用滑稽、幽默的语言自我嘲讽、活跃气氛，这是反对人的好方法之一。

通常情况下，那些"揭短"的人，大多是自己的亲朋好友，这就需要人们在使用该方法时，要注意言语的使用，最好不要言辞过于激烈，以免伤害了亲戚、朋友间的感情。

3. 用自嘲的方式表达苦衷

一位诗人应邀到某大学做演讲。演讲结束后，一位学生向这位诗人提了一个问题，他说："在金钱社会里，您对纯文学与生活问题有什么看法？"

众所周知，人们对现代社会中纯文学性的东西不太关注，这个学生的言下之意是，问诗人如何面对纯文学与贫穷。诗人回答："就我个人而言，我能坚持写作的原因应该归功于我的妻子，她开了一家小饭馆，这就解决了我们一家人的吃饭问题。"

诗人的回答蕴含着无尽的沧桑与无奈，但是他并没有把这种情愫直接地表达出来，而是借自嘲的方法，既回答了大学生的问题，又给人们留下了深刻的印象。

在某些特定场合中，不宜说出一些自暴自弃或是表达不满的话，这时最巧妙的做法是以自嘲的方式回答对方，这样既能让别人体会到自己的苦衷，又不会让别人认为你是个自暴自弃的人。

4. 用自嘲的方式避免尴尬

一家英国电视台记者在采访著名作家梁晓声时提出了一个非常难回答的问题："没有'文化大革命'，可能就不会产生你们这一代作家。那么，你对'文化大革命'有什么看法？"

梁晓声没有回答，而是机智地反问道："没有'二战'，就没有以反映第二次世界大战而著名的作家。那么，你觉得'二战'是好还是坏呢？"

该记者听完后哈哈大笑，与梁晓声握手言和。

在一次国际会议期间，西方一位外交官故意挑衅我国外交官，他说："如果你们不向美国保证不用武力解决台湾问题，那么很明显你们不愿和平解决台湾问题。"

对于这种充满挑衅性的说法，我国代表回答道："台湾问题是中国的内政，采取什么方式解决，是中国人民自己的事，没有必要向他国保证什么。"说到这儿，他话锋一转，反问道："请问，难道你们总统的选举也要向我们做保证吗？"

与人交际中，当对方有意无意触犯你的时候，你可以用自嘲的方式来摆脱困境，这是一种最恰当的选择，也是摆脱困境最有效的方法。它既能维护你的尊严，又能将宽容大度的形象摆在对方面前，从而赢得别人的尊重与信任。

用"自嘲"的方式为自己解除尴尬，显然是一个非常有效的方法，但是在自嘲过程中还应有所禁忌，不仅仅要注意场合、时机、对象，还应注意最好不要使用过于贬低自己的言辞。

掉转话题，巧妙化解尴尬

在交际中，我们经常会遇到一些令人尴尬的问话，比如一些秘密事情、个人的私事等。对待这样一些提问，如果我们用"不能告诉你"来回答，会使自己显得粗俗无礼，如果套用外交用语"无可奉告"来作答，那又会使提问者失望或不快。总之，对待这样一些古怪的问题，若我们答得不好，就有可能使自己陷入十分难堪的泥淖，不能自拔，以致大失脸面。

当遇到这种情况时，就需要具备"顾左右而言他"的语言艺术，从而及时扭转尴尬的局面。

转换话题就是一种最简单的办法，比如：

两个青年去拜访老师，在谈话中提到："老师，听说您的夫人是位英语教师，我们想请她指教一下，行吗？"

老师为难地沉默了片刻，说："我们前不久分手了。"

"哦？对不起，老师……"

"没什么，喝点水吧。"

"老师，您的书什么时候出版？快了吧？……"

这样转换话题，特别是提出对方很愿意谈的话题，就会迅速地缓解尴尬局面。

问话者见对方对其问题不予理睬，很快就会意识到自己的无礼，从而不再追问。

某单位一女工结婚，在单位散发喜糖，刚巧该单位有一位大龄女青年。大家吃糖的时候，突然一位中年科员笑着对那位女青年说："喂，什么时候你也请我们吃喜糖啊？"大家都望着那位女青年。那位女青年脸微微一红，然后指着身边一位女同事身上的一件款式新颖的上衣问："咦？这件衣服在哪儿买的啊？什么时候买的？"两个人便兴致勃勃地谈起了那件衣服。

在公众场合问这种问题是很不礼貌的。女青年碰到这个尖锐的问题时处境十分尴尬，回答不好可能会引起大家的闲话。于是她立刻把话题转移到同事的衣服上，借以回避对方的无聊问题。问者见对方不予理睬，自然也认识到自己的失礼，也不会再说些什么。

这种方法可以缓解尴尬的局面，但是它又未免太过生硬，而且效果并不是非常好。要是用更婉转的方法来转移话题，会显得更漂亮、干脆。这种方法就是岔换法。

岔换法是针对对方的话题而岔换新的话题，表面上看是在回答对方，而实质意义却是不相干的两个问题。它给人的感觉通常是干脆利落，能传达出一种较为和谐的气息。

装作不知道，说得更奇妙

这里有一则流传很广的笑话：

一家星级宾馆招聘男性客房服务人员，经理问了应聘者这样一个问题：

"假如你无意间把房间推开，看见一位女客正在洗澡，而她也看见你了，这时候你该怎么办？"

第一位答："说声'对不起'，就关门退出。"

第二位答："说声'对不起，小姐'，就关门退出。"

第三位答："说声'对不起，先生'，就关门退出。"

结果第三位应聘者被录取了。为什么呢？前两种回答都会让客人陷入尴尬的境地，唯有第三位的回答很巧妙。他假装看错人，既保全了客人的面子，又使双方摆脱了尴尬。

一位新来的实习老师刚在黑板上写了几个字，学生中就有人突然叫起来："新老师的字比我们童老师的字好看！"

真是语惊四座！ 幼稚的学生哪能想到：此时班主任正坐在教室的后排，这会让她多尴尬啊！ 对这位实习生来说，初上岗位，就遇到这种尴尬的场面，的确让人头疼：如果处理不当，以后怎样同这位班主任在一起相处呢？ 怎么办？ 谦虚地回应学生几句，行吗？ 不行！ 把学生教训几句？ 更不行！ 这位实习生灵机一动，装作没有听到，继续写了几个字，头也不回地说："是谁不专心听课在下边大声喧哗！"此语一出，后座童老师顿时轻松了许多。

这里这位实习老师很好地采用了佯装不知的技巧，装作没有听清楚，而攻击"喧哗"这一虚像。 这样既暗示了童老师自己没听到学生说什么，又打击了那位学生无心的称赞兴致，也让学生不再重复该话题，避免再次造成尴尬局面。

尚美在一次聚会上第一次穿了高跟鞋和超短裙，还化了浓妆。 朋友们见到她这样打扮，一片惊呼，她自然而然地成了聚会的焦点。 蹦迪是年轻人聚会不可或缺的一项活动。 穿高跟鞋和短裙肯定是不方便蹦迪的，何况尚美还是第一回穿呢。 开始她不愿意下舞池，后来在朋友们的劝说之下勉强蹦了一会儿，谁知鞋跟折断了一个，短裙也在不经意间撑破了。 她只好故作镇静，一瘸一拐地回到了座位上。

一个女孩看见了，忙问她怎么了，她回答说脚扭了。 女孩关心地弯下腰去看。

"啊，你的鞋跟断了呀。 真是太倒霉了。 哇，你的裙子怎么……好了别介意，大家都是朋友，没人会笑你的，我也会给你保密的。 你就在这儿坐着好了，待会儿结束了我陪你回家。"说着又下了舞池，剩下尚美一个人懊恼地坐在座位上。

一曲终了，大家都下场了，一个男孩过来坐到了尚美对面，尚美很紧张，生怕被他发现了，赶忙说脚有点不舒服，就把两脚的位置换了换。 男孩并不看她的"伤势"，只是叫了两杯饮料，说："蹦迪很累吧，看你平时挺文弱的，一定小心啊。 这种激烈运动连我都浑身湿透了，你肯定更累了。 以后多锻炼锻炼，再穿上今天这么漂亮的衣服，肯定会特别好看的！"

两个人聊了半天，男孩始终没有再提起她的"伤"。 其实他早就发现了，为了不让尚美太尴尬，他装作不知道，这就缓解了尚美的尴尬处境。

在中国，面子非常重要。 遭遇尴尬以后，即使表面装作不介意，心里也有个很难解开的疙瘩。 所以，说一句"痴"话，故作不知，是解决这类问题的最好办法。 正如卡耐基曾经说过的："我们常会碰到这样一种人，他们知道别人出了洋相，就主动地去安慰人家，还一厢情愿地认为别人会用感激的目光看着他。 其实别人最希望的，是你什么也不知道，没有嘲讽，也没有安慰。"

用玩笑解除尴尬

尴尬是人们处于两难境地，不知如何处理时的一种心理紧张状态。 在这种时候，如果能调整心态，急中生智，开个玩笑来冲淡它，就可以起到很好的作用，从而化解你和他人的紧张气氛。

我国著名相声大师马季有一次到湖北黄石开座谈会。 会上，他的搭档不小心称"黄石市"为"黄石县"，在座的都十分尴尬。 马季立即接着说："来到黄石省，我们非常荣幸……"这话把大伙都弄糊涂了。 正当大家在私下里小声议论时，马季解释道："刚才，我的搭档把黄石市说成县，降了一级，我当然要说成'省'，给提上一级。 这样一降一提，就拉平了！"

如果能使人发笑，那么人们也就慢慢地忘掉了刚才的尴尬局面，气氛也会慢慢恢复正常。

常说"我们"，而不是"我"

语言是如此奇妙，有时候，意思接近的两个词语，却会产生不同的语言效果。 以"我"和"我们"来说，就是一个典型的一字差千里的例子。

日常生活中，最常用的字就是"我"，那是因为我们希望被关注、希望被关心。 如果我们把"我"换成"我们"，可能会取得意料之外的效果。 因为，这样一来，对方就会将心比心，你就会被关注、被关心。 由此，你不仅能收获友情、收获尊敬，还能收获快乐。

把"我们"换成"我"，不但能巧妙地拉近双方距离，还能使对方更容易接受你的观点。在说话的时候，如果我们无视对方的感受，只是一个劲儿地提到"我"如何如何，必然会引起对方的反感。但如果改变一下，把"我"改为"我们"，对于我们而言，这并不吃亏，但却能获得对方的好感，进一步加深我们与别人的友谊，也能顺利解决彼此之间的问题顺利解决。

俄国十月革命刚刚胜利的时候，许多农民因为仇恨沙皇，坚决要求烧掉沙皇住过的宫殿。无论谁来做思想工作，农民都置之不理，坚持认为非烧不可。最后，列宁亲自出面做说服工作。列宁对农民说："在烧房子之前，我们大家一起来思考几个问题，可以吗？""当然可以。"列宁问道："沙皇住的房子是谁造的？"农民说："是我们造的。"列宁又问："我们自己造的房子，不让沙皇住，让我们自己的代表住好不好？"农民齐声回答："好！"列宁再问："那么，这房子我们还要不要烧呢？"农民觉得列宁讲得好，就同意不烧房子了。

这是一个用"我们"一词解决了重大纠纷的典型范例，体现了语言的巨大魅力。列宁反复使用"我们"，拉近了自己与农民之间的距离，使农民乐于听他讲话，进而将农民的思路引到理智上来，最终达到劝服的目的。

小摩擦可以通过"和稀泥"的方法来解决

朋友之间的小摩擦，虽然在特殊情况下不能"和稀泥"，但是对于琐碎的矛盾，作为第三者，完全可以"和稀泥"。"和稀泥"主要有三种方法：

1. 支离拆分

倘若争执双方都在气头上，第三者应该当机立断，借口有什么急事（如有人找，或有急电），把其中一人支开，让他们脱离接触。等他们气消了，心静了，争端也就趋于平息了。

2. 以情制胜

第三者可以用双方过去的情谊来打动他们，让他们"休战"。或者以自己与他们每个人之间的情谊做筹码，说："你们都是我的好朋友，你们闹僵了，让我也很难过。就看在我的面子上，握手言和吧。"一般情况下，双方都会给第三者这个面子，顺台阶而下。

3. "欺骗蒙混"

旁观者应该随机应变，以假掩真，再顺水推舟，让冲突的气氛变得融洽。

不过，"和稀泥"必须和得好、和得妙。否则，对方不但不领你的情，反而还会溅你"一身泥"，怪你"多管闲事"。如此一来，反倒是弄巧成拙。因此，"和稀泥"必须谨慎，只有恰到好处，才能皆大欢喜。

面对矛盾，可以转换思想方式

某保险公司的王小姐通过电话约好了时间，对李先生进行访问。

她一进门，便开门见山地说明来意："李先生，我这次是特地来请您和太太及孩子投保险的。"不料，李先生用一句话顶回来："保险是骗人的勾当！"王小姐并未生气，仍微笑着问道："噢，这还是第一次听说，您能说说您为什么会有这种想法吗？"

李先生说："假如我和太太投保 3000 元，3000 元现在能买一部兼容电脑，可 20 年后再领回的 3000 元，恐怕连部彩色电视机都买不到了。"

王小姐又好奇地问："那又是为什么呢？"

李先生很快地回答："一旦通货膨胀，物价上涨，货币就会贬值，钱也就不禁花了。"

王小姐又问："照您的看法，10 年、20 年后一定是通货膨胀吗？"

李先生又迟疑了一会儿说："我不敢断定，依最近两年的情形来看，这种可能性相当大。"

王小姐再问："还有别的影响因素吗？"

李先生犹豫了一下说："比如，受国际市场的波动影响，说不定……"

接着，王小姐又问："除此之外呢？"

李先生终于无言以对了。通过这样的问话，王小姐对李先生内心的忧虑已经基本了解了。

于是，王小姐首先维护李先生的立场："您说得没错，假如物价急剧上涨 20 年，3000 元别说买电视机，恐怕只够买两棵葱了。"

李先生听到这里，心里很高兴。但接着，这位精明的王小姐向李先生分析近年来物价改革的必要性及影响当前物价的各种因素，进一步分析我国政府绝对不会允许旧社会那样的通货膨胀的事情发生的事实。并指出，以李先生的才能和实力，未来收入肯定会有较大的提升。

这些道理，虽然李先生也不止一次听别人说过，却没有哪个比今天听起来让人信服。最后，王小姐又补充了一句："即使物价有稍许上升，有保险总比没有保险好。况且，我们公司早已考虑了这些因素，顾客的保险金是有利息的。当然，我年纪轻轻，跟您谈这些道理，实在有点班门弄斧，还望您多多指教……"说也奇怪，经她这么一说，李先生开始面露笑容，相谈甚欢。显然，王小姐的推销获得了成功。

这位王小姐成功的秘诀在什么地方呢？就在于，她站在对方的立场上来思考，设身处地，发现对方的兴趣、要求，尔后再进行引导，晓之以理、动之以情，使对方与她的想法同步，最后使之接受。如果不是做到这一点，而是仅仅针对李先生的"保险是骗人的勾当"观点开展一场"革命性的大批判"，那么，李先生显然更不会接受她的推销。

在生活中，与人交流产生矛盾时，最好的办法就是使对方认为，我们是与他站在同一立场上的。千万别认为"如果我是你"只是短短五个字而已，殊不知，它所能发挥的效力是惊人的。若不能设身处地地站在别人的角度思考，怎么能解决矛盾呢？"如果我是你"不仅能让对方觉得你与他立场一致，还能使对方接受你、喜欢你。有了这个前提，你就能成功地解决矛盾。

第五章

巧妙说服，让别人心悦诚服的说话术

说服之前做好准备工作

在准备阶段，主要应做好以下几项工作：

1. 掌握信息

首先，需要弄清楚他究竟处于怎样的一种思想状态，他苦恼的原因是什么，他的思想认识水平到了什么程度。我们只有清楚了说服对象的内心世界，才能探索出他们的心底深埋的思想情感。说服者通常这时候要运用平时观察和分析问题的经验。通过调查、走访，察言观色，掌握第一手材料，争取把问题搞清楚明白。

只要思想信息的传递渠道不发生阻塞，人的思想信息总是可以传播与捕捉到的，走进其神秘的心灵殿堂也是轻而易举。

在深入细致的了解中，不排除所获得的材料有道听途说的可能性，因此不要完全被获得的材料所左右，需要经过多方面的验证和分析，从众多的材料中做出符合实际的归纳和判断。

2. 摸清与思想情绪有关的情况

包括思想素质、文化素养、性格气质、社会关系和生平经历等。

一个人的思想情绪不是凭空产生的，除了有一定的客观因素之外，还与他本人的素质、经历乃至所处的环境有着直接的关系。

为什么同样一件事，在这个人身上没产生任何问题，而对于另一个人来说却成了了不起的问题呢？这完全取决于人们个体之间的差异性。明白了这个道理，就能提高对全面掌握说服对象情况的认识及重要意义。

从思想素质方面，主要应了解他的思想认知水平是属于什么层次；

从文化素养方面，主要应知道他本人受教育的程度及个人文化涵养；

从性格气质方面，主要应了解他的脾气和性格是属于哪种类型的；

从社会关系方面，主要应了解他的家庭人员构成情况及他在社会中的人脉；

从生平经历方面，主要应了解他生活中的经历和体验；

从经济方面，应主要弄清楚他个人收入、家庭经济来源、生活水平等等。

3. 抓住焦点

抓住与说服对象之间意见分歧的焦点，说服效果才会事半功倍，双方的思想才能进而迸出火花。只有这样，你的思想观点才能融入他的思想观点中，进而再对他的思想进行深化和改进。

4. 设想对策

说服，有可能还会按照自己预先设计的思路顺利地向前发展，可能会遇到种种原因而发生阻塞现象。所以，说服之前既要充满信心，又不能盲目乐观。 为了顺利地达到说服的目的，须在说服之前，自我设计几种假设的障碍及对策来应对突发状况。

5. 确定方法

了解清楚上述情况的内容，是确定整个说服工作采用何种方案的依据。 确定说服方法，既要考虑到对方的心理特点和承受能力，又要考虑到自己能否驾驭整个说服方法过程。

在确定某种说服方法为主的同时也不要忽略多准备几种方案，万一说服过程中情况突变，就应立即调整说服方法。

知己知彼，方能取胜

在说服别人之前，一般要对对方的情况做个客观的了解。只有知己知彼，才能采取不同的说服技巧，针对不同的对手顺利地进行说服工作。

知识结构丰富的对象，对知识性辩题抱有极大的兴趣，不屑听肤浅、通俗的话，这时就应充分体现你的博学多才，多做抽象推理、致力于做各种问题之间的内在联系的探讨。

文化知识结构肤浅的对象，听不懂高深的理论研究，这时就应多举易懂、通俗的事例。

刚愎自用的对象，不适合循循善诱时则可以用激将法。

爱好夸大的对象，不能用表里如一的话使他接受，可以用诱兵之计。

脾气急躁的对象，讨厌喋喋不休的长篇说理，用语须简短直接。

性格沉默的对象，要多让他发言，不然你会云里雾中。

思想顽固的对象，不能对其进行硬攻，容易僵局，这时应看准对方感兴趣的点进行转化。

从言谈了解对方，是取得胜利的关键。我们可以从言谈中观察对方的性格特征和内心活动。

性格大方自信的人，很少使用"那个……""嗯……""这个……"之类的口头语。反之，小心谨慎的人常用这类语汇。日本语言心理学家三付侑弘认为，在谈吐中常说出"果然"的人，常常自以为是，强调个人主张；经常使用"其实"的人，通常是想引起别人的注意，因为他们任性、倔强、自负；经常使用"最后……"一类词汇的人，大多是潜在欲求未能得到满足。

通过对手无意中显露出来的态度及谈吐可以更快地了解其性格及心理状况，通常这样能够捕捉到更直接、更真实的思想。

例如：对方抱着胳膊，表示在思考问题；抱着头，表明一筹莫展；低头走路、步履沉重，说明他心灰意冷；昂首挺胸、高声交谈，是自信的流露；女性一言不发，一直不停地揉搓手帕，说明她心里有话，却不知从何说起；真正自信而有实力的人，会谦虚认真地听取别人的讲话；抖动双腿常常是内心不安、苦思对策的举动；若是双腿轻微颤动，就可能是心情悠闲的表现。

当然，想要更全面地了解说明对象，不能总是停留在静止、默察上，还应该主动侦察，采用一定的侦察对策，去激发对方的情绪，这样才能够迅速准确地把握对方的思想脉络及思想动态。从而顺其思路进行引导，这样才有利于说服成功。

说服时不可忽视制约因素

劝导说服的效果，也常常因地点、环境的不同而不同。虽然这些都称不上是说服的主要手段，但对于说服效果来说，却有着不可忽视的制约因素。

一般来说，地点环境有着重要的作用，在自己熟悉的地点环境中对人施行说服，往往会形成一定的"居家优势"，比在陌生的环境中会使你更有信心。如果在对方熟悉而自己却感到十分陌生的环境中施行说服，全新的环境不仅会分散你的注意力，而且还容易削弱你的自信心；相反，对方则占有一定的心理优势。因此，在施行说服时，要充分利用"居家优势"，尽量安排在自己家中或办公室等熟悉的环境中进行，这样才能有利于说服成功。

还要注意一个问题，虽然选定在自己的办公室或家中都能使自己占有一定的居家优势，但这两种同样具备居家优势的地理环境，其意义也是大不相同。

选定在办公室的，多半是上级对下级、老师对学生进行的批评教育性和部署性的说服，常常带有公事公办的正规性质，说服的气氛会严肃很多。在这样的环境中，要尽量体现平等与亲切，否则，易使人产生抵触和厌烦情绪。而选定在家中谈话，多半是地位平等或地位相当的人之间进行的私人之间的说服谈话，说服的气氛比较轻松随便，形式自由活泼，说服效果会好很多。

若说服对象是一个地位比你高的人，你不可能把他请到家里进行说服，也就自然失去了说服的"居家优势"。因而，这种情况下的说服不仅困难而且还要冒一定的风险。

从气氛上看，说服时所处的气氛不同，产生的效果也不同。经验告诉我们，任何人处于充满着某种情绪的环境中，都会受到环境气氛的感染，使自己的情绪不知不觉地被环境所同化。

比如，肃穆的气氛，能使人产生一种悲壮的感觉；明快欢乐的气氛，能使人产生一种轻松感；慷慨激昂的气氛，能使人的精神振奋；咄咄逼人的气氛，容易使人产生一种压抑感。这时候施行说服，基本都可以获得成效。

通过上面的内容可知，在现实生活中，经验丰富的思想教育工作者都会很赞同选择在适宜的环境气氛上下功夫，因为他们在实践中体会出了环境气氛对感染的情绪所起到的作用。

亲和力是说服人的利器

玫琳凯是一家知名的化妆品公司。为了扩大公司产品的影响，玫琳凯·艾施女士自己用的化妆品都是由本公司生产的。她也不建议公司职员使用其他公司的化妆品，因为，她不能理解凯迪拉克轿车的推销员开着福特轿车四处游说、人寿保险公司的经理自己却不参加保险的事。 那么，她是如何把这一观念灌输给她的员工们的呢？

有一次，她发现一位职员正在使用另外一家公司生产的粉盒及唇膏。 她乘机走上前去，微笑着说道："老天爷，你在干吗？ 你不会是在公司里使用其他公司的产品吧？"

她说话语气亲切，脸上洋溢着微笑，那位职员的脸微微地红了。 几天后，玫琳凯·艾施送给那位职员一套公司的口红和眼影膏，并对她说："如果在使用过程中发现任何问题，欢迎你及时告诉我。 先谢谢你了。"

再后来，公司的新老员工都有了一整套本公司生产的适合自己的化妆品和护肤品。 玫琳凯·艾施女士亲自进行了详细的使用示范。 她还告诉她们：以后，员工在购买公司的化妆品时，可以享受优惠。

玫琳凯·艾施亲和的态度，友善的话语，使她自然而然地与员工打成一片，并且成功地灌输了她正确的经营理念。

抓住说服的最佳时机

人的心理反应在客观现实中，外界的突然刺激会引起人的心理变化。 这时人们往往情绪反应强烈，特别是年轻人情感更为动荡不安、极易冲动。 情感有余，但缺乏理智，情感的潮水会漫过理智的堤坝，在激情的驱使下会做出后悔莫及的过火行为。

如果及时抓住情绪所产生的强烈波动，在即将导致不正常行为的时候予以制止说服。说明利害得失，对方就会受到震动，恢复理智，幡然醒悟。而过早地进行说服，会被对方认为神经过敏或无中生有。过晚地进行说服教育，也易被对方看成"事后诸葛"，或秋后算账，都不能收到好的效果。

一般来说，人们在面临工作调动、毕业、入党入团、家庭事件、婚恋受挫、提职加薪、意外事故、购买住房、子女就业、退伍回乡、请假探家、负伤患病等情况时，极容易产生思想波动，这正是进行说服的良好时机，在这种时刻要及时劝导提醒，达到最优化的说服效果。

想要判断个别说服的时机是否恰当时，可以通过观察对方的情绪表现进行判断。如果对方心平气和，并且表现出的情绪极为平静，这往往说明时机较为合适。如果发现对方表现出反感和对立情绪，我们除了检查谈话方法及自己的态度正确与否外，还应考虑谈话的时机是否恰当，以免造成不利的后果。这时，我们应积极观察，或者采取恰当措施，创造有利的时机，使说服获得成功。

实际上，"最佳时机法"所强调的最佳时机，并没有具体要求，也不排除上面事例中所展示的模式，这就要求我们在具体情况下从说服的目的出发，针对对方的思想状态和心理特点，自己揣摩和把握，从而达到成功说服的目的。

只要我们具有敏锐的观察力和果断灵活的思维能力，我们的说服工作就会像杜甫诗句中的"好雨知时节"那样，恰到好处地滋润人们的心田，使说服工作更加顺利。

把握说服的度

说服的有效程度是由说服者与被说服者之间的距离产生的。因此，空间距离的适度，在人际交往中，在说服劝导过程中，都是不可忽视的。

如果说服对象与你是一种亲密关系，说服时与之保持半米以内的亲密距离，即使皮肤接触也要适度，而且只有这种距离，才能更加有效地传递你的说服信息，增强说服的感染力，同时对方也不会产生误会与反感。

如果你与说服对象是一般的同事、同学关系，在施行劝导说服时，适宜的私人距离是保持 1 米左右。如果超出了这个距离，恐怕很难谈得拢。

有的领导者，把下属叫进自己的办公室，让对方坐在一边，自己端坐在写字台后面，冷冷地说："今天，想同你谈一个问题。"这样的空间距离，会拉大心理上的距离，使下属有一种压抑感。这种说服多半是因下属的口服心不服而以失败告终。

另外，谈话者之间不属于亲密关系，但谈得很轻松，这就可能突破私人距离，进入亲密距离。说服者与说服对象个体空间的距离，会由说服对象的文化背景、社会地位、性格气质以及情绪状态的不同而产生很大的伸缩性。

不同社会地位的人，需要的个体空间不同。比如：地位尊贵的人，往往喜欢较大的个体空间，不喜欢地位低的人与自己靠近。 如果你是一位师长、领导，在对学生、子女或下属进行说服时，应当有意靠近他们，并做出亲热的举动，对方就会感到亲切温暖。

不同文化背景的人，需要的个体空间不同。 有的人在交往中允许较多的身体接触，希望对方离他近一些；有的人则相反，即使与你的关系亲密，也不希望你离他太近。

性格气质对空间距离需求也有差异。 如果是活泼开朗型的，他会喜欢小的个体空间，所以，他们可以让别人靠近。 而性格气质孤僻自守型的，他会喜欢空间大的距离，宁愿把自己封闭起来也不要别人靠近。

说服对象的情绪状态主要体现在个体空间的差异性。 如果说服对象处在心情较为平静的时候，个体空间的需求较小，近距离进行说服不会引起反感。 而当他暴跳如雷的时候，个体空间的需求正在进行非理性的扩张，所以会将人拒之门外。

重视说服表情

人的面部感情可以表现丰富的内心情感。 同情和关心、厌恶和鄙视、信任和尊重、原谅和理解、容纳和排斥、愤怒和反感、欣慰和喜悦等，都会清清楚楚地表现在我们的面部表情上。 面部表情与其他符号比较起来，虽占有空间小、活动幅度小，但它却是最传神、最能表达内心思想情感的说服手段。

在说服中恰当地运用面部表情可以增强说服效果，因此我们应该特别重视。要想把面部表情做得恰当，就应随着谈话的内容变化而变化。当谈到有不幸和灾难时，就会自然流露出同情、关心和安慰的表情；当谈到思想和工作进步、有成绩的时候，就会自然流露出喜悦和欣慰的表情。

微笑要笑得得体、笑得适度，要避免冷嘲热讽的讥笑或呆呆地傻笑。

有些人没有意识到微笑在说服中的作用，认为脸越阴沉，表情越严肃，其威信越高。若发现对方身上没有让他满意的地方就怒目而视。这样，势必造成与说服对象的对立情绪，其说服效果会适得其反。

相反，如果微笑着与说服对象相处，即使他有缺点错误，也怀着包容的态度去亲近他，去开导帮助他，那效果就会好得多。当然，微笑并不等于放弃原则的那种逢场作戏的假笑。而坚持原则，坚持正义，才是微笑的真正内涵。

我们所说的面部表情最重要的就是眼神。人内心的各种情感，都可以从眼神中体现出来。

一个优秀的说服者，通常是用眼神来准确反映其思想态度。可以说，在某种情境下，一个眼神能胜过千言万语。

当然，视线方向、注视频度等都要适度。因为，视线的方向，能表明对人的态度；注视的频度和目光接触的时间长短，能反映出与对方的亲密程度。

亲密的人除外，一般连续注视对方的时间应在几秒钟以内，否则会引起对方的反感、不安。但学生对老师或下级对上级谈话时，注视对方的时间可适当加长，因为这是一种信任和尊敬的表示。

说服时善用声调

一般来说，跟对方谈论愉快的事情时，就应该使用明快而爽朗的声调；跟对方谈论忧伤的事情时，就应该使用低沉缓慢的声调；跟对方辩论或鼓励对方时，就应该使用有缓有急，有轻有重的声调。这样轻重抑扬相结合，才能更加全面地表达你的内心世界。

语言声调，主要体现在以下五个方面：

(1)速度：说话语速的快慢。

(2)音量：说话声音起伏的大小。

(3)音高：说话声音的高低。

(4)音变：声音的变化。

(5)音质：说话声音的质量是否和谐统一。

准确地进行说服所需具备的辅助条件有以下几个方面：

(1)说话的速度应快慢结合。

快，一般用来表达激动等内心感情。快速讲话，能使听者产生亢奋的心理和紧迫感。但速度太快，听话者对你输出的信息接收不迭，无法及时理解，就无法明白你要表达的意思。

慢，一般用来表达低落的内心感情，慢节奏使人容易理解与消化。速度慢也有缺点，一方面浪费时间，另一方面会使对方提不起精神来，还不等听完你的话，就已失去了兴趣。

所以，快慢应恰当使用，做到快中有慢，慢中有快，快而不乱，慢而不拖，张弛有度，抑扬顿挫。

（2）音量要适当控制。

说服时音量不要过高，不然会给人一种厌烦的感觉；音量也不要过小，否则会给人一种压抑、郁闷的感觉。

（3）说话的声音高低要适量。

尖锐刺耳的声音，容易刺激神经，使人过于紧张；低沉粗重的声音，容易麻痹人的神经。

（4）说话声音的高低要富于多变性，用热情奔放的声调准确表达你的内心情感。

如果声音低沉呆板，对方就会觉得枯燥无味而失去兴趣。

（5）说话的声音应追求优美、悦耳，使对方乐于倾听。

避免使用尖细和嘶哑的声音，因为这样会让人感觉厌烦而无法忍受。

总之，干净利落、错落有致的声调是我们着力追求的。它会提高说服语言的准确度和感染力，准确鲜明地表达你的思想感情，提高说服的效果。

说服要对症下药

在现实生活中，因为人们在经济活动和政治活动中所处的社会地位不同，家庭环境、社会背景、文化水平、心理素质、性格特征、兴趣爱好也各不相同，所以使人们产生了层次的划分。

说服时只有根据具体的情况随机应变，有针对性地开启对方的心扉，对症下药，才能产生情感和心灵真正的共鸣。

1.要了解对方的心理需要

从性质上看，心理需要可以分为合理和不合理两种。其中合理的需要又分为能解决和不能解决两种。有这么多不同的类型，决定了说服者必须坚持这样一些原则：

对于合理的需要，我们要通过说服的方法，帮助对方寻找一条能满足合理需要的理想途径；对那些虽然合理但暂时无法满足的需要，就要对其做出解释，给予精神上的鼓励和安慰；而对于那些不合理的需要，就要用说服的方法加以引导，使其不合理的需要得到遏制，并最终放弃。

对人的需要进行级别划分更为复杂。美国心理学家马斯洛认为人的需要可以分为五个级别：一是生理的需要，二是安全的需要，三是归属和爱的需要，四是尊重的需要，五是自我实现的需要。

马洛斯的需要划分启示我们，在进行劝导说服的时候，要根据个人需要，考虑不同的情况，因人而异，这样才能更好地实现说服的效果。

2.要针对说服对象不同的性格特征，采取不同的说服方式

对性格刚毅的人，要采取温和的方式；对足智多谋的人，要用平易的方法从善良方面引导；对勇敢坚毅但却有些暴戾的人，就要劝导他不要走上歪门邪道；对机灵活跃的人，要对他的行为加以约束；对心胸狭隘的人，就得开阔其胸襟，使之宽宏大度；对缺乏远大志向的小人，就要激发他的远大志向；对

平庸而散漫的人，要通过师友来管束。 只有真正做到因人施教，这样才能牵人之心，启人之志。

3. 要根据说服对象的年龄而采取不同的方式

一般来说，更多的老年人希望得到人们的尊重，应该用回忆"想当年"的美好往事的方法来加以引导；在说服中年人时可直接和他就事论理地交谈；在说服青年人时，宜多用名人名言或引经据典，寓理于情地来说服。

4. 要注意说服对象的文化程度

对知识分子进行说服，宜采取说理的方式，有些话无须说尽，要给对方留有思考的余地；对文化程度较低的人，则应以动情为主，采用通俗易懂、生动形象的方式。

现身说服，感情真挚

对于说服对象来说，榜样与具体事例是真实的、可学的，会使他们认识到："他说的都是自己的真事和经验之谈，我应该认真借鉴才是。"这种观念一旦树立，就会产生一种积极地效仿他人的精神需要。

现身说服，感情真挚而发人深省，态度殷切而意味深长，能够拉近主客体之间的心理距离，具有通感性。 如果恰当运用，会使说服对象的心灵产生高频率的振动，容易引起双方强烈的情感共鸣，进而实现主客体之间的心灵沟通。

在运用现身说服这个方法时，要注意的是说服者所讲的事情必须是自己亲身经历的，并且包含自己真实的切身体验，只有这样才能从中提炼出动人心弦、开人心窍的哲理。然后，才能再用这抽象的生活哲理去引导别人摆脱眼下的困境。

运用现身说服，还要注意一点，即讲述的个人经历，必须与说服对象目前所处的困境有相同或相似之处，或者在本质上有必然的联系。这样才能使二者具有可比性，前者领悟出来的道理，对后者来说才有价值。否则，对方会认为你述说的经历以及领悟的道理与他没有丝毫联系，那就起不到说服的作用。

当然，运用现身说服，并不需要对自己的经历进行详尽地回顾，最关键的是要把解决类似问题的方法介绍给对方，使之简明扼要地呈现在说服对象面前，这是现身说服的根本环节。紧紧抓住这个环节，之后所进行的说服才会有感召力，才能令人信服。

运用现身方式进行说服，谈的都是说服者自身的经历和体会，其最终目的是以此激励和鞭策对方。因而特别要求态度要亲切自然、坦率诚恳，让对方在自觉的比较中产生心灵的共鸣，愉快地接受你的说服。千万不能在对方面前，故意借机炫耀自己的"光荣历史"，给人留下一种自我吹嘘与标榜的坏印象。

如果故意地炫耀自己的功绩和优点，借此来贬低和挖苦对方的缺点和不足，只会引起对方的厌恶，这根本不是在说服对方。

树标说服，生动形象

树标说服，就是根据人们善于模仿的心理特点，在说服过程中给对方树立一些鲜明具体、生动、形象的好榜样，从而进行生动形象的感知教育，使说服对象能够比有样板、学有榜样、赶有目标、超有方向。这比单纯的说服教育更具有感召力，更容易引起对方的感情共鸣，给人以激励和鞭策，激发他们模仿和追赶的愿望。

心理学研究表明，当一个人感知到别人的行为时，就会产生进行同一行为的愿望，这样就产生了模仿。当看见别人做好事时，自己也会想去尝试，一旦这种从善的心理发展为从善的信念，进而升华为从善的意志，就很容易产生从善的行为。

通常来说，人们并不认为自己的大多数行为是受人指使或受人引导的，因为人们丝毫察觉不到别人的行为对自己造成的影响。

当然，这种善于模仿的特性，决定了在模仿他人的良好行为时，也容易受到不良行为的影响。许多年轻人看了暴力电影和淫秽书籍，往往误入迷途，导致犯罪，这就是一个有力的证明。所以，在说服中有意识地运用心理学中有关模仿的心理特征，采用树立榜样的方法，用典型来做引导，激发说服对象积极的模仿意识，有着十分重要的意义。

树标说服，可以从正反两个方面列举大量古今中外的典型事例，来启发引导和制止约束说服对象的思想行为。用正面的典型事例，对说服对象的思想行为进行正面积极的诱导；借反面典型，给说服对象的思想行为以约束和制止。

中国有句古语，叫作"人往高处走，水往低处流"。一般来说，每个人都希望成为受人尊敬、对社会有益的人，很少有人愿意自甘堕落。因此，在讲正面例子时，要讲得生动形象、鲜明具体，能够扣人心弦，让正面形象深深印刻在说服对象心中，直至征服他。但要注意不能脱离客观事实而随意夸张放大。

在讲反面例子给以劝诫时，切忌对恶人恶行津津乐道、叙述详尽。换句话说就是，讲解反面例子宜粗不宜细，不是单纯的侧重于对犯罪行为的描述，而应该侧重于讲述过程的分析环节，分析要有批判性，态度和观点要鲜明正确，以防产生消极影响。

唤醒说服在于有意引导

人的正确的自我意识并不是与生俱来的。一方面，人们通过不断地进行实践和学习来获得正确的自我意识；另一方面，则依赖于他人的引导。这种"引导"其实就是运用心理学上所说"意识唤醒"的方法，促使外因通过内因起作用的过程。把这种外因作用置于言语交际的方面，实际上是为我们提供了一种新的说服的方法——唤醒说服。

一般来说，运用唤醒说服可从以下几个方面入手：

1. 唤醒年龄的特征意识

人到了某个年龄阶段就该出现相应的心理特征，但有的人却迟迟表现不出来，这时，只要你稍加引导，他就有可能会醒悟，甚至可能会产生心理意识的飞跃。

2. 唤醒性别特征意识

不同性别的人具有不同的自我心理意识。然而，有些人却缺乏这种自我意识。善于做引导工作的人，就会抓住这个时机，从唤醒对方性别特征意识的角度加以引导，使之产生心理上的飞跃。

3. 唤醒角色心理意识

在社会生活这个大舞台上，每个人都充当着一定的角色。当人充当着某种角色、角色发生转换或被赋予某种特殊角色时，总是会产生特定的角色心理意识。

4. 唤醒社会责任意识

社会生活中的每一个人，在享受着各种各样权利的同时也承担着相应的社会责任。有些人意识不到他必须承担的某些社会责任，可以从唤醒对方的社会责任意识入手，通过引导，使之明白自己的社会责任，并担负起应尽的义务。

5. 唤醒自我价值意识

每个人都有希望别人尊重自己的言行，自觉维护自身荣誉和社会地位的自我意识倾向，这是一个人对需要实现自我价值的迫切反映。它是一种与自信心、进取心、责任心、荣誉感密切相连的积极的心理品质。

古人云："水激石则鸣，人激志则宏。"善于做说服工作的人，总是能够唤醒对方迫切希望实现自我价值的潜意识和强烈的自尊心，从而将之转化为巨大的精神力量。

综上所述，可以看出，唤醒说服在言语交际中的主要功能是通过语言这个外因激发出对方潜意识中的"良知"，使之认识到自己年龄的、性别的、角色的心理意识特征，意识到自己的社会责任和自我价值，从而促使其通过自我批评、自我监督、自我鼓励、自我修养，不断地自我完善，在认识上达到一个新境界。

总而言之，唤醒说服这种激发心理潜意识的说服艺术，在人的言语交际中，具有很强的实用性。

借物说服要借物发挥

借助于某种事物进行劝导说服的方法，称为借物说服。

它们的关系是：物教引导言教，言教是物教的升华。物教为言教提供了具体可感的实践根据和物质条件，言教为物教的发展和深化做了抽象的理论概括，是物教内在哲理的进一步升华。物教是形象化了的言教，言教是抽象化了的物教。

运用借物方式进行说服，一般的过程是：先借物，后说服。 借物的过程，就是确定说服主题思想的过程。 借物的过程一完成，应该立刻顺水推舟地转移到主题上来，使得所借之物的含义与说服的道理融会贯通、顺理成章。 这样，所借之物才能更好地为说服服务。 否则，所借之物与说服时所表述的思想观点没有丝毫联系，形成了"两张皮"，那就失去了借鉴的价值，甚至有画蛇添足之感。

在所有借物说服的例子中，最典型的要数孟母教子。 早在两千多年前，就为我们树立了"子不学，断机杼"的典范。 她运用借物说服，使得孟轲感悟至深，从此跟随子思，发愤图强，努力学习，终于成了一个大学问家。

孟母断机劝学的故事，千百年来一直被传承下来。 母亲作为孩子人生中的第一任老师，对于孩子的成长起着巨大的作用。 多少年来，人们在谈论家庭教育，尤其是谈到母教时，都会列举此例，夸赞孟母教子有方。

但是，仁者见仁，智者见智，从思想教育方法论的角度，我们看到的却是孟母高超的说服艺术。 她用借物方式劝导孟子学习，给枯燥抽象的说服教育赋予了易于感知的形象性，加重了说理的分量，使说服对象顺物而明理，受理而感化。 这在说服艺术的历史上，真是一个杰出的典范。

借物说服的实践经验告诉我们：借物说服成败的关键，在于能否找到一个可以借以说理之物。 孟母说服儿子不要荒废学业，找到了一个能够表达说服思想的"机杼"，因此，才取得了埋想的说服效果。 孟母借助"断机"，引出"中途辍学，难成有用之才"的说服思想。

这种说服之所以能够成功，就在于说服者巧妙地把"借物"与"说服"两者融为一体，彼此相得益彰，使得借物说理的过程自然过渡，水到渠成。 所借之物形象具体，所论之理抽象概括，事物与道理，浑然天成。

因此，在运用借物说服法之前，一定要有充分的准备过程，要从纷繁复杂的现实生活中，选取最能够表达说服思想的事物，将之与自己的说服思想结合起来，使二者天衣无缝，说服时才不留痕迹。

激将说服施以强烈反刺激

激将说服，指的是用反常的说服语言去激励对方，促使其下决心做好我们本来就希望他们做好的事。

实践告诉我们，在做思想工作时，绝对不能只用一种方法模式，应该随着工作对象及其思想的变化而不断变化。 有些方法，适用于某人某事，但不一定适用于所有的人和事。 对某些人，只要晓之以理，动之以情，耐心相劝，就能打动他，直至说服。

但用同样的方法，另一些人可能就不会接受你的说服，哪怕你磨破嘴皮，他还是一意孤行。 但如果你改变方法，突然给他一个强烈的反刺激，说不定能使你的说服取得意想不到的效果。

三国时期，曹操大兵压境，刘备手下缺少良将，急需老将黄忠再次横刀立马、驰骋疆场。 黄忠虽然已经答应领兵抗敌，但诸葛亮对于黄忠能否成功并不确定，便故意劝阻黄忠出马，并感叹其年事已高，以此激发黄忠的斗志。

诸葛亮说："老将军虽然英勇，然夏侯渊非张郃可比也。渊深通韬略，善晓兵机，曹操倚之为西凉藩蔽；先曾屯兵长安，拒马孟起，今又屯兵汉中。操不托他人，而独托渊者，以渊有将才也。今将军虽胜张郃，未必能胜夏侯渊。吾欲酌量着一人去荆州，替回关将军来，方可敌之。"

此话显然不是诸葛亮的本意，其目的在于激发起老将黄忠出战取胜的决心。果然如诸葛亮所料，一番话激起了老将黄忠的斗志，他把大刀舞得快似飞轮，并奋然答曰："昔廉颇年八十，尚食斗米，肉十斤，诸侯畏其勇，不敢侵犯赵界，何况黄忠未及七十乎？军师言我老，吾今并不用副将，只带本部兵三千人去，立斩夏侯渊首级，纳于麾下。"

事后，诸葛亮对刘备说："此老将不着言语激他，虽去不能成功。"结果，等到黄忠挥刀上阵，果然在战场上所向披靡，势如破竹。他先斩两员魏将，后又指挥军队追杀敌人数十里，赢得了"宝刀不老"的夸赞。

由此可见，激将说服只要在适当的时候使用，就会有意想不到的效果。

激将方式的运用，也要因人而异，不可以盲目使用。一般来说，它对那些争强好胜的人，效果比较明显，而对敏感多疑、谨小慎微的人，很容易产生适得其反的效果。

第六章

委婉适度，让人内心舒服的批评技巧

婉言批评效果更佳

　　周恩来总理在运用批评的话语时，就表现得非常有技巧。他总是抱着与人为善的至诚，对同志的缺点、错误及时进行批评教育，让人感到心悦诚服。

　　1952年，周恩来率政府代表团到苏联访问，就我国"一五"期间苏联援建项目问题进行谈判。抵达后，他集中起有关人员，逐字逐句讨论、修改计划草稿。复印前，他又专门叮嘱一位同志把好最后校对这一关。当周总理拿到稿子后发现仍然有差错，但他并未对校对同志进行直接批评。第二天，周总理来到代表团驻地与大家共进午餐时，特地与这位同志碰了杯，笑着说："罚一杯酒吧！"这么简单的一句话，既亲切又严肃，使这位同志既内疚又不会难堪，因而"心有灵犀一点通"的效果也就收到了。

　　在某人做错事的时候，在他内心里一定也会反省，觉得抱歉、恐慌、不知所措，此时，如果你再批评指责他，那么他会因为你的谴责而羞愧难过，有的甚至从此一蹶不振，没有自信。如果换种语气，如："以后做事呀，你自己可要多加注意了。"或者说："我想，下次你一定不会再犯类似的错误了。"诸如此类。这样，对方不仅会因你对他的信任而感激你，同时还会感受到你的真诚，更重要的是在今后的工作、生活中，也必定小心谨慎，不再犯同样的错误，而且时常提醒自己注意以前忽视的缺点、毛病，及时使自己得到修正。

美国一位有名的飞行员，常常参加飞行表演。有一次，他在圣地亚哥进行空中表演，在返回洛杉矶驻地途中，飞机的两个发动机在 300 米高度时突然熄火，但飞机最终还是在他熟练的操纵下降落了。虽然人无伤亡，然而飞机遭到严重损坏。着陆后，他立刻检查飞机燃料，发现竟然是加错了燃料。

回到机场后，他要见见为他座机服务的机械师。当时这个年轻人已经非常苦恼自己的过失，当飞行员走近他时，他流泪了。由于他的过失，一架非常昂贵的飞机毁了，而且差点送了三个人的命。令人意外的是，飞行员没有像人们想象的那样怒气冲冲地对这位机械师的失误大加批评指责，而是上前搂着他的肩膀说："为了使你相信我坚信你不会再这样做，我希望你明天为我的 F—15 提供优质的服务，怎么样？"

后来这位机械师不仅没有再犯那样的错误，还干得更加出色。试想，倘若飞行员劈头盖脸就给这位机械师一通讽刺打击或是严厉的批评，不仅会使机械师的自尊心被大大地伤害，而且还会使他变得沮丧、自卑、畏首畏尾，甚至将他本来可以做得很好的机械师的工作放弃掉。

不妨在批评里加点"糖"

当批评他人时，直来直去的严厉批评不是不可以，但是取得的效果不会很好。如果转个弯儿，在赞美的同时婉转指出别人的错误和不足，对其加以善意的批评，那么结果肯定会让人心服口服，对方不但乐意听取你的批评，还会对你的委婉表示谢意。

有位女经理十分精明强干，她手下的一班干将也都非常出色。前不久，一名助手由于迁居别处被调走，一位刚刚毕业的女大学生接替了她。这位女大学生不仅长得漂亮、懂得打扮，而且业务能力也很强。美中不足的是，她总是马马虎虎地做事，常常不把资料整理好便上交，办公桌上也是乱七八糟。女经理一开始还忍着，认为这个缺点会被她慢慢改正。但很长一段时间过去了，她却还是老样子。另外，这个女孩十分"大度"，对于一切批评、责备毫不在意，几乎是充耳不闻，让人急不得、气不得、恨不得也恼不得。后来，那位女经理决定改变一下方式。

一天，这个女孩穿了一件碎花白裙，梳了当时较流行的发式来上班。女经理看到机会来了，立即称赞着说："这身衣服真不错，再配上这个发式显得更加漂亮，要是你以后的工作也如你穿衣似的好看就好了！"女孩脸一红，听出了经理的话中有话。没想到，这个办法居然十分灵验。仅仅十几天，那女孩就有了很多的改变。一个月后，她竟然成为一个对工作非常认真的女孩。

女孩能够诚心接受上司的批评，改过自新，与这位经理说话技巧得当密切相关。试想，如果经理直接采取严肃的批评，女孩很可能觉得小题大做，一点细节的小问题根本不值得发那么大的火。在这种心理的作用下，她不但不会认识到自己的错误，反而还会觉得"这个上司太难以忍受"。

查清事实，有效沟通

通常，当上级发现问题之后要先核实情况。也许一些员工会在阐述问题的过程中为自己开脱，但是只要细心倾听，就能找出适合的论据加以批驳，从而进一步明辨是非、统一认识，最后使被批评者认清错误进而改正错误。

这样做就是为了防止批评时找错对象，因为有时会出现领导在严厉批评某个员工后，才发现他本来并没有错的情况。但是员工碍于老板的面子，又不能反驳，不得已表面上只能忍气吞声，背地里怨声载道，工作热情提不起来，进而对企业感到失望，甚至炒老板鱿鱼的心都有了，这会给企业带来很大的损失。

所以说，一个好的领导在处理事情上需要三思而行，别迷惑于眼前的表象，而失去了尽职尽责的好员工。

肯德基连锁店的创始人费雷得·德卢加一向严格要求员工。

一天晚上，德卢加忙完自己的事情后检查肯德基店的工作。他进入一间肯德基餐厅后，发现这间餐厅的柜台后面乱糟糟的，食品摆得杂乱无章，顿时火冒三丈，大声呵斥唯一正在干活的雇员，命令这个雇员马上收拾好餐厅，并帮着雇员一起干了起来。干完活后，他甩出了一句"下不为例"，然后就走出了餐厅。

第二天，当德卢加查阅销售记录时，惊讶地发现他昨天批评的那位雇员所在的店，销售量超出了近期销量纪录。直到此时他才了解，那家餐厅之所以乱糟糟，是因为店里的顾客太多，以至于那位雇员手忙脚乱。可以说，那位雇员非常称职。一想到这件事，德卢加心里便不踏实。当天晚上，德卢加又来到了那家店，给这位雇员诚恳地道歉，可这位雇员对德卢加的道歉好像毫不在意，只是应酬似的说了一句"没关系"。德卢加感觉到这不是雇员的心里话，认为这样不行。如果雇员带着情绪做事，无疑会对店里的生意造成影响，并且不利于他和雇员搞好关系。

于是德卢加进一步试探，鼓励这位雇员说出全部想说的话，并且对自己所做的事情表示内疚。在他的引导下，雇员说话了。他承认自己还在生气，自己一直辛辛苦苦、任劳任怨地工作，不但没有得到表扬，反而还遭受了冤枉和批评，这让人如何不气愤呢？他还向德卢加诉说："当时我气愤不已，不知道心中的不满怎样才能够发泄出来。当您走出餐厅后，我跑到储藏间拿了一加仑的食用油，倒入了排水沟……"

有道是"良言一句三冬暖，恶语伤人六月寒"，在对犯错误的员工进行批评时，管理者首先要承担起属于自己的那份责任，然后，再婉转地进行员工的批评教导工作。这时应注意以下几个方面的问题：

1.搞清事实再批评

正确批评要求先搞清出错的原因。有时有些管理人员由于一时的激动，不分青红皂白地就对员工进行批评，反而忽略了对客观事情本身做出全方位的调查与研究。

2. 给员工辩解的机会

尽管有的管理者自认为自己已经对事情的原因以及真相有了清楚的了解，但是在批评前还应当认真倾听员工的解释。这样做有利于管理者清楚地认识员工是否已经知道错在哪里，这样更有利于管理者做出更进一步的批评。倘若出错的这位员工悄然说出一些管理者根本不了解的真实情况，而管理者缺少能证实这些问题的证据，那么应当立刻结束对他的批评，稍后再做更进一步的调查了解。

3. 不要大发脾气

或许有的时候，员工所犯的错误会让人非常生气，可是作为管理者，无论怎样也不能在批评员工时大发脾气。因为这样做的最终结果只会使自己在员工面前失去威信，同时员工还会对你产生成见。

4. 不能对人不对事

尽管说事情都是人做出来的，但是作为管理者在批评员工时，应尽量做到对事不对人，只有这样员工才不会对你产生成见。"对事不对人"不仅可以让员工对自己的问题有客观的认识，真正心服口服，而且还有一层意义：这样做，一个公平竞争的工作环境可以在部门内部形成，可以使员工不再为了个人利益而产生拍马屁的想法。

5. 不要威胁员工

威胁员工容易造成一种感觉："仗势欺人"。同时这样很有可能造成管理者与员工之间的对立，这种对立会使内部的团结合作受到大大的伤害。如果员工觉得自己的尊严或人格受到了很大的侮辱，那么员工就不再能为公司一心一意地工作。

当批评的时候，如果员工有反抗的情绪，在批评后的几天之内，管理者应该找到员工再谈谈心，消除员工可能产生的误解；如果批评后，员工还没有改正错误，这时就要认真地去分析他继续犯错的原因，不应该再进行盲目的批评。

6. 找对批评对象

如果管理者因激动而不辨是非地批评了一位无辜的员工，就会令这名员工觉得莫名其妙，进一步感到委屈或抱怨。

7. 批评的方式要妥当

当管理者批评员工时，一定要依据当事人的性格特征或所犯错误的大小做出适当的批评。比如，性格内向的员工对别人的评价很在乎，批评这样的员工时，应该以鼓励为主，语气要委婉；对于那些生性固执或是自我感觉很好的员工，可以直截了当地把他犯的错误告诉他，然后提醒他及时改正。另外，如果员工犯下了严重的错误，管理者的批评应正式公开，这样既可以使员工加深对错误的认识，同时又能够给其他员工敲敲警钟；如果员工犯的错误较轻，最好不要小题大做，私下批评就可以了。

8. 批评的时间不宜过长

如果员工已经认识到了自己的错误，那么就应该使这次批评尽快结束，以免过多的批评令员工感到厌烦。

同时，也要注意，作为一位管理者，不应该经常提起某个员工的错误、一直喋喋不休地重复唠叨某个员工的错误。

批评也要"动听"

奥斯特洛夫斯基有句话说："批评，这是正常的血液循环，缺少它就不可避免地有停滞和生病的现象。"我们每一个人都不是生活在真空里，就如同我们身上要沾染许多病菌似的，在我们的思想意识和言谈行为上，一些缺点和错误也会不可避免地出现。因此积极开展批评，才能保持身心健康，但这些都要建立在"不露痕迹"的批评之上。

每个人都有缺点，而只有对自己的缺点有了认识，才有可能进步。若自己认识不到就得靠别人来帮助，这就是批评的价值所在。所以，批评人就如同被人批评似的，让对方认识到批评的价值才不会使批评走向误区。

但是，当开展批评的时候，尤其是管理者，一定要讲究方式、方法，注重批评的价值。

那么，怎样的批评方式才会取得好的效果呢？

1.用含蓄的批评来激励对方

英国18世纪著名评论家约瑟·亚迪森说过："真正明白批评的人看重的是'正'，却不是'误'。"这里所说的"正"，事实上就是隐恶扬善，从正面来进行鼓励，也就是一种含蓄的批评，可以使批评对象对自己的错误和缺点不自觉地改正。 可以说从正面鼓励对方改正缺点、错误的间接批评方法，比直接批评效果会更快、更好。 因为这种批评方法易于被对方接受，从而达到良好的效果。

2. 体谅对方的情绪，取得对方的信任

这是使批评达到预期效果的第一步。 "心直口快"作为一种性格来说，它的优点在某些方面的确可以体现出来。 但在批评他人时，"心直口快"者往往不能体谅对方的情绪，图一时"嘴快"，随口而出，过后又把说过的话忘了，但却因此失去了对方的信任。 所以，当你批评他人的时候，不妨学着从别人的角度来看问题，设身处地地站在对方的立场考虑一下，自己是否对这种批评接受得了。 如果所批评的话自己听来都有些生硬、有些愤愤不平，那么就该检讨一下措辞方面有何要修改之处。

另外，场合问题也要被考虑进去。 不注意场合的批评，任何人都不会接受的。

3. 诚恳而友好的态度

批评这个话题很敏感，哪怕是轻微的批评，都不会像赞扬那样使人感到舒畅，而且批评对象总是以挑剔或敌对的态度来对待批评者。 因此，倘若批评者态度不诚恳，或居高临下、冷峻生硬，反而会引发矛盾，对立情绪就被激起，使批评陷入僵局。

因此，必须注意批评的态度，诚恳而友好的态度就像一剂润滑剂，往往能减少摩擦，从而使批评达到预期效果。

查尔斯·施瓦布是美国著名企业家，他非常注意工作时的谈话技巧。

一天中午，查尔斯·施瓦布路过炼钢车间，发现几个工人在抽烟，而在他们的头顶上，悬着一块非常显眼的写有"禁止吸烟"字样的牌子。这时他要做什么呢？是痛斥他们一顿，还是指着牌子对他们说："你们不识字吗？"不，都不是。

他心平气和地走到这些人跟前，给他们每人一支雪茄："年轻人，假如你们愿意到别处去吸烟的话，那么我会十分谢谢你们。"

当开展批评的时候，还需要特别注意以下几个问题。

1. 要就事论事，勿伤及人格

批评他人，有什么问题就说什么问题，切勿统统翻出"陈芝麻""烂谷子"，纠缠在一起算总账，这样做只能将对方的反感引出。因为揭对方的疮疤，甚至伤害其人格，最容易引起对方的愤怒，因此，应绝对避免。

2. 具体明确，勿抽象笼统

在批评他人之前，先要明确是批评什么事情的什么方面，然后，以事实为基础，越具体明确越好。如果抽象笼统的话，你的意思就很难被别人弄懂。

3. 语气亲切，勿武断生硬

态度决定用语，如果态度诚恳，语气也必定会亲切，让人听了心里舒服；如果态度生硬，自以为是，别人也就不会买你的账。 有的人批评人时总喜欢用"你应该这样做……""你不应该这样做……"，仿佛只有他的看法才是正确的，人们会很反感这种自以为是的口吻。

4. 建议定向，勿言不及义

批评和建议联系紧密，批评的主要目的是希望对方能改正缺点、错误，从而向正确的方向发展，所提的建议当然应该是把方向给对方指出来。 但有的人提的建议不具体，让人糊里糊涂，弄不明白。 如，家里有客人要来吃饭，妻子与其对丈夫说："你能不能别老在那儿看报？"不如说："你能不能帮我摆好桌椅、碗筷，客人就要来了。"这样就从另一个角度对丈夫的懒惰进行了婉言的批评，同时给他指明了改正的方向。

作为管理者，批评员工时一定不能先将自己的责任推得一干二净，将员工贬得一文不值。 正如有一句常被人们说起的话："黑锅大家背，红包自己拿。"这样的管理者领导出来的企业一定不会是一个成功的企业。

批评要适可而止

在员工犯了错误以后，管理者应该立即让员工意识到自己的错误，并能够在以后的工作中积极改正错误。 有些管理者则认为，使员工意识到自己的错误并不难，但要让员工改正错误却是一件难事。

出现这种情况通常有两方面的原因：一方面，管理者使用了太简单的工作方法来使员工认识到错误，就是批评批评再批评；另一方面，员工被管理者简单地批评后，容易出现抵触情绪，即使接受了批评，也不能保证下次不犯错误。

松下电器刚成立时，员工的工作情绪不高，处处都表现得比较懈怠，迟到、早退、开小差等现象非常普遍。松下电器总裁松下幸之助非常不满这种现象：如果任凭这种怠工现象发展下去，公司倒闭迟早都要发生。为了让这种现象彻底消失，松下幸之助召开了全体职工大会。

大会召开时，待职工到齐后，松下幸之助庄严地走上了主席台。他大声说道："今天，我要向大家宣布一件非常重要的事情。"他话音刚落，会场顿时变得异常安静，职工们都想听听总裁到底要宣布什么事情。然而，松下幸之助说完这句话后，竟然头也不回地走出了会场。会场的安静气氛在一瞬间被打破，职工们先是交头接耳，接着，便大声议论，然后，开始喧哗，会场上人声鼎沸，热闹非凡。

正当职工们吵得不可开交时，松下幸之助又出现了。会场很快恢复了安静，但职工们脸上愤怒的表情并没有消除。松下幸之助再一次走上主席台，扫视了一下台下的职工后，愤愤不平地说道："从你们的表情上，我看出了你们内心的愤怒。你们之所以愤怒，是因为不满我的突然离去。不过，你们有没有想过，当我见到你们中的一些人迟到、早退、擅离岗位等怠工现象时，我又有什么样的感受呢？如果你们有兴趣知道的话，我愿意告诉你们。当时，我的感受与你们现在的感受是一样的。这就是我今天要郑重宣布的事情，现在已经讲完了，可以散会。"正在大家低头思索之际，松下幸之助走出了会场。

意外的是，松下幸之助召开的这次简简单单的会议竟然起到了神奇的效果。自从这次会议后，松下公司的员工如同脱胎换骨一般，怠工的现象很少再出现。

不过，问题总能被解决。其实，有些方法可以让员工自觉地意识到自己的错误，并愿意及时地改正错误。此处有三种方法要简要介绍。

1. 保全员工的面子

当老板在批评员工时，一定不能够粗暴地对待他们，而应该顾及他们的面子。

2. 让员工感动

一位老禅师很擅长管理，正因为他有效的管理方法，寺庙里的和尚很少违反规矩。即使有人违反了规矩，被这位老禅师教导后，也不会再犯。

一天晚上，老禅师正在禅院里散步。当他走到墙角时，发现了一把椅子。禅师很快明白了其中的原因：肯定有人违背了寺规，越墙出去游玩了。老禅师搬开了椅子，蹲在原处。

一会儿，果然有一个小和尚翻墙进来，由于天黑看不清，跳下墙的时候小和尚正好踩在了老禅师的脊背上。在小和尚双脚落地时，才发觉刚才踏的是老禅师。小和尚顿时惊慌失措。

令小和尚感到意外的是，老禅师对他一番打量之后，并没有厉声责备他，而是以平静的语调说："夜深了，天比较凉，快去加点衣服吧。"

老禅师的做法不仅使小和尚感动不已，而且小和尚的师兄弟们得知这件事后，都更加严格地要求自己。从此以后，再也没人想要闲逛而夜里越墙。

3. 明褒暗贬

从前，法国一个倒卖香烟的商人在巴黎的一个集市上大谈抽烟的好处。突然，一个老人从听众中径直走到台前，商人感到很惊奇。只见老人在台上站定，大声对着台下的观众道："女士们，先生们，我喜欢抽烟，所以，我知道抽烟的好处不止这位先生说的几点，我另外还总结了三点！"

商人很高兴听到这样的话，对老人深施一礼道："老先生，谢谢您了。您相貌出众，肯定是位学识渊博的人，请您向听众讲一下您总结的三大好处吧！"

老人徐徐说道："第一，狗看到抽烟的人都会感到害怕。"台下一片轰动，商人暗暗高兴。接着，老人说："第二，小偷肯定不会光顾抽烟者的屋子。"台下满是乱作一团的人，商人非常高兴。老人又说："第三，抽烟的人不会老。"台下的人顿时乱作一团，商人更加喜不自胜。

这时，台下的听众要求老者解释的声音一浪高过一浪。商人也格外兴奋，急切地催促老人："老先生，请快点讲来！"

老人说："第一，大多数抽烟的人都会变驼背，狗看见后以为是在弯腰捡石头打它哩，怎能不害怕？"台下一阵哄堂大笑，商人出了一身冷汗。老人接着说："第二，抽烟的人在夜里通常都会不停地咳嗽，小偷以为主人还没有睡，怎敢进屋偷东西？"台下又一阵大笑，商人却惊恐不已。老人又说："第三，抽烟的人大多短命，因此压根没变老的机会。"台下的人大笑不止。待平静下来后，人们发现商人不知道何时已经溜走。

批评的方式多种多样的，但是，一定要让对方知道错在什么地方，一旦他知道了就要适可而止，不能一点回旋的余地都不留。

批评也要讲技巧

要使批评容易被人接受，就需要注意说话的方式和技巧，千万不要有下面这些说话大忌出现。

1. 吹毛求疵，过于挑剔

批评是必要的，但无须事事都要批评。对于那些鸡毛蒜皮的小问题、小毛病，只要无关大局，宽容是应当采取的态度，切不可斤斤计较、过于挑剔。这种做法，只能使人谨小慎微，无所适从，不求有功，但求无过，甚至离心作用也因此出现。

2. 不分场合，随处发威

批评人必须讲究场合和范围。有的批评可在大会上进行，而有的只能在私下进行批评。若不注意批评的场合和范围，随便把只能找本人谈的问题拿到大会上讲，就会令对方无脸见人，不利于问题的解决。批评人，也不要随便当着对方下级的面或客人的面。否则，对方会认为你是故意丢他的脸，出他的丑，使他难堪，很可能让他引起公开对抗。许多争吵往往是由于批评的场合不对引起的。

3. 大发雷霆，恶语伤人

人人都有自尊心，即使犯了错误的人也是如此。批评时要将人的自尊心考虑其中，切不可随便加以伤害。因此，批评人时应当心平气和，春风化雨。不要横眉怒目，觉得如此批评者的威风才能显示出来。实际上，这样做最容易伤害对方的自尊心，致使矛盾激化。因此，批评人应力戒发怒。在你怒火正盛的时候，最好先别批评人，待心情平静下来后再去批评。

切忌讽刺、挖苦，恶语伤人。下级虽有过错，但与上级有平等的人格，因此，不能随意贬低甚至侮辱对方。

4. 无凭无据，捕风捉影

批评要以事实清楚、责任分明、有理有据作为前提。但是，在现实中常常见到有的领导批评他人时，事先不调查、不了解，只根据一些道听途说，或者只根据某个人打的"小报告"，就信以为真，就去乱批一气，结果只会给人留下"蓄意整人"的坏印象。

5. 当面不说，背后乱说

中国有句俗语："君子当面批评，小人背后议论。"这句话反映了人们的一种心态：不喜欢背后批评人。当面批评，可以使批评者的意见和态度让对方听清楚，也便于双方的意见得到交流，消除误会。如果背后批评，会使对方产生错觉，觉得你不敢当面讲，一定是心里有鬼。再说，不当面讲，经他人之口转达，话极易被传走样，造成难以消除的误会。

6.乘人不备，突然袭击

最好打个招呼后再进行批评，使对方先有一定的心理准备，不至于感到突然。比如，有的人做错事，但本人并没意识到，这时应当先通过适当时机，吹吹风，或指定与对方关系较好的人先去提醒他，使其先自行反省，然后，再正式批评他，将错误指出来。这样他有了心理准备，批评就比较容易接受了。反之，如果当对方尚未认识到自己有错时就突然批评，不仅会使人不知所措，还会怀疑你批评人的意图。

7.一批了之，弃之不管

批评只是解决思想问题的手段，而不是目的。一个人受到批评后，在心理上会产生疑虑情绪：我是不是使领导产生成见？带着这种情绪，他会特别留心领导的有关言行，从中揣测领导对他的看法。在发现领导不理睬他的时候，他就会认为领导对他有成见，当你无意批评到与他相似的问题时，他会神经过敏地认为你又在讲他，又在与他过不去。因此，领导在批评之后，要细心观察对方的变化，关心、体贴他，有了点滴成绩，及时给予肯定，有了困难，及时帮助。这样才能有助于猜忌心理被消除，达到批评的目的。

8.反复批评，无休无止

批评不能靠量多取胜，有的批评只能点到为止。在一个人受到批评以后，心里已经很不自在。如果再重复批评他，他会认为你老是跟他过不去，把他当成反面典型看待。多一次批评，就会在他心里多一分反感。

9. 嘴上不严，随处传扬

批评人不能随处发威，更不能随处传扬。有的前脚离开被批评者，后脚就给别人说了这件事。或者时隔不久批评另一个人时，又随便举这人做例子，弄得人人都知道了，满城风雨，增加了当事人的思想压力和反感情绪。

10. 以事论人，全盘否定

批评人应尽量准确、具体，对方做错了什么事，就批评那件事，不能因为他某件事做错了，就论及这个人如何不好，以一件事来论及整个人，把他说得一无是处，一贯如此。比如，用"从来""总是""根本""不可救药""我算看透你了"等来否定人，都是不可取的。

以上这些批评的话语对任何人都会产生负面的作用，因为批评不是以语言压过别人，而是从道理上让对方信服，让对方从心底里承认错误，承认你的批评是正确的。这样，你的批评才能被他接受，进而改正自己的错误。

批评和赞美须结合在一起

1. 使用"三明治"批评方法

欧美一些企业家主张使用"三明治"批评方法，即当批评别人的时候，先找出对方的长处赞美一番，然后，再将批评提出，而且力图使谈话在友好的气氛中结束，同时再使用一些赞扬的词语。　这种两头赞扬、中间批评的方式，很像三明治这种中间夹馅儿的食品，故以此为名。　用这种方式来处理问题，对方可能不会太难为情，因而被激怒所引起的冲突得到了减少。这种方法在很多情况下是比较有效的，其优点就在于由批评者讲对方的长处，给对方的辩护起到了替代作用。　对方的能力、为人、工作是否努力等方面，有很多可以肯定的地方，批评者如果视而不见，可能会使对方觉得不公平，认为自己多方面的成绩或长期的努力没有得到应有的重视，而抓住了一次失误，大概是对方专门和自己作对。　而批评者首先赞扬对方，就是避免对方的误会，表明领导承认他的工作，使他知道批评是针对具体事而不是对人，自然也就把用辩解来维护自尊心的做法放弃了。

　　麦金尼在1896年竞选美国总统时，也采用了这种方法。那时，共和党有一位重要人物替麦金尼写了一篇竞选演说，他自以为写得高明，就给麦金尼大声地念，语调铿锵，声情并茂。　可是，麦金尼听后，却觉得有些不妥当的观点，可能会引起批评的风暴。　显然，这篇讲稿不能用。　但是，麦金尼把这件事处理得十分巧妙。　他说："我的朋友，这篇演说精彩而有力。　我听了很兴奋。　在许多场合中，这些话都可以说是完全正确的。　不过用在目前这种特殊的场合，合不合适呢？　我不得不从党的观点来对它的影响进行考虑。　请你根据我的提示再写一篇演说稿吧，然后送给我一份副本，怎么样？"

　　那个重要的人物立刻照办了。　在那之后，这个人在竞选活动中成了一名出色的演说家。

　　有的领导认为先说赞扬的话，再批评，带有操纵人的意味，有过于明显的用意，所以不喜欢用。 这种说法也有一定道理，如果你找到某人就表扬他，你的表扬或许他听不进去，因为他只是想知道，另一棒会在什么时候打下来——表扬之后有什么坏消息降临，所以在更多的时候，在我们用表扬结束批评的时候，人们考虑的是自己的行为，而不是你的态度。 以下是正确、错误的两种说法：

正确："我相信你能从中得到窍门——只要坚持试一试。"

错误："最好你立即改进，要不然就别干了。"

当批评结束的时候应对下属表示鼓励，让他把对这次批评的回忆当成促使他上进的力量，而不是一次意外的打击。 此外，还应该让对方知道，虽然他屡次处理某件事失当，然而你却尊重他的人格。 传达给对方你的尊重，适度的赞美和工作上的认同是必要的，否则光是针对对方的某项缺点提出批评，对方会容易感到不受尊重，因而心怀不平。

许多成功的管理者在批评下属时都注意采用刚柔并济的方法。

据说，某人进入一家个人承包的公司。 它的公司人是一位脾气暴躁的经理。 当经理批评下级时，常常是声色俱厉，毫不留情，令下级简直无地自容。 但是，批评到最后，他的表情会突然来个180度的大转弯，和颜悦色地说："这个局面你怎么造成的？"下级就立刻感到无比温暖。

这位经理真是掌握到了炉火纯青的批评艺术！ 他虽然要求很严格，但是很得下级的敬重。 这是因为他能做到一张一弛，相得益彰。

日本著名企业家松下幸之助就善于运用刚柔相济的方法。

有一次，部下后藤犯下一个大错。松下怒火冲天，一面用挑火棒敲着地板，一面对后藤进行严厉的责骂。

骂完之后松下注视挑火棒说："你看，我骂得多么激动，竟然扭弯了挑火棒，你能不能帮我把它弄直？"

这请求是多么绝妙啊！后藤自然是遵命，三下五除二，挑火棒就恢复了原状。

松下说："咦？你手可真巧啊！"随之，松下脸上立刻绽开了亲切可人的微笑，高高兴兴地对后藤进行赞美。至此，后藤一肚子的反抗心，立刻烟消云散了。

更令后藤吃惊的是，他一回到家，竟然还看到了太太为他准备了丰盛的酒菜。

"怎么啦？"后藤问。

"哦，松下先生刚来过电话说：'你家老公今天回家的时候，心情一定非常恶劣，你最好准备些好吃的让他解解闷吧。'"不用赘述，此后，后藤工作起来自然干劲十足。

2. 批评时不忘心灵的抚慰

韩国有这样一个小故事。一位名叫黄喜的相国，微服出访，路过一片农田，坐下来休息。他瞧见农夫驾着两头牛正在耕地，就向农夫问道："你这两头牛，哪一头更棒呢？"农夫看着他，一言不发。等耕到了地头，牛到一旁吃草，农夫附在黄喜的耳朵边，低声细气地说："告诉你吧，边上那头牛更好一些。"黄喜很奇怪，问："你说话干吗这么小声？"农夫答道："牛虽是畜类，但心和人是一样的。我要是大声地说这头牛好，那头牛不好，它们能从我的眼神、手势、声音里对我的评论进行分辨，那头虽然尽了力，但仍不够优秀的牛，会感到很难过……"

这个故事极易令我们联想到现实生活。 无论多么聪明的牛，都不会比一个发育健全的人——哪怕是稍明事理的儿童，更敏感和智慧。 与那个对牛的心理体贴入微的农夫相对照，世上的成人、领导和有权评判他人的人，是不是经常在表扬或批评的瞬间，忽略了对心灵的抚慰？

父母常常以为小孩子是没有或是缺乏自尊心的，因而随意地对他们进行呵斥，为了一点小小的过错，唠叨不止。 不管是什么场合，有什么人在场，只顾自己说得痛快，对孩子是否承受得了全然不理会。 以为只要是良药，再苦涩，孩子也应该脸不变色、心不跳地吞下去，孩子越痛苦，越说明对这次教育的印象深刻，举一反三的作用也就越能够得到实现。

父母这样想实在是大错特错了。

对人们不再重蹈覆辙起约束作用的，是自尊和自制。 它的本质是一种对自己的珍惜和对他人的敬重，是对社会公有法则的遵守与服从。 如果一个孩子从小就被无穷的心理阴影折磨得丧失了尊严，无论他今后所受的教育如何专业，也难以弥补心理的阴暗和残缺，人格也会潜伏着巨大危机。

因此，当批评别人时，千万要讲求场合和方式，注意对心灵的抚慰。

3.可采用先扬后抑的方式

有一次，卡耐基请一位室内设计师给他家布置一些窗帘。 在账单送来的时候，他大吃一惊。

过了几天，一位朋友来看他，看到了那些窗帘，并对价钱进行了询问，而后面有难色地说："太过分了。 我看他占了你的便宜。"

实情是如此，可是没有人肯听别人羞辱自己判断力的实话。因此，身为一个正常人，卡耐基开始为自己辩护。他说东西与价值成正比，你不可能以便宜的价钱买到高品质又有艺术品位的东西等等。

第二天，另一位朋友也来拜访，开始对那些窗帘进行了赞扬，表现得很热心，说她希望家里也能买得起那些精美的窗帘。

这时卡耐基又有了完全不同的反应。"说句老实话，"他说，"我自己也负担不起。我付的价钱太高了，我对买了它们而感到后悔。"

在我们错了时，也许会对自己承认。而如果对方处理得很巧妙而且和善可亲，我们也会对别人承认，甚至会因自己的坦白率直而自豪。但如果有人想把难以下咽的事实硬塞进我们的食道，其结果是可想而知的。

如果想让对方接受你的观点或想法，则必须先让对方能够静心倾听你的想法。如果对方连听都没有听进去，又谈何接受不接受呢？而要对方倾听，则不可令对方反感。

谈话时采取先扬后抑的办法往往会收到理想的效果。说话时要注意对对方的优点长处的赞美要真诚，使对方心情愉悦，使双方的距离被拉近，消除隔阂，然后，再一步步地将自己的想法和盘托出。这样，就会用话语巧妙地引领对方将你要说的话一层层地听清，而不至于没听几句便火冒三丈，不欢而散。

第七章

婉转巧妙,让人不会反感的拒绝技巧

拒绝是一门学问

在实际生活、工作中，人们经常会遇到别人向自己提出要求的情况，然而有些提要求的人是你不喜欢的，抑或是有些人提出了让你难以接受的要求，当处于这种尴尬的情境之中时，你将如何处理？ 如果遇到以上情况，我们没必要"有求必应"，必须学会"拒绝"。

然而，假如板着面孔一口回绝对方，很有可能会伤了相互之间的和气，但是，你又不能违背自己的意愿答应对方，那样的话，你将更加被动。 是否有一种两全其美的办法，既不使对方觉得有损面子，又能巧妙地拒绝呢？ 回答是肯定的。

拒绝是一门学问，因为在拒绝别人的时候，还要体现出个人品德和修养，让别人在你的拒绝中，同样能感觉到你是真诚的、善意的、可信的。 在拒绝的过程中，要想不伤和气，依然与对方保持良好的人际关系，那么就要设身处地地站在他人的角度进行换位思考，在不能提供帮助的情况下用同情的语调来婉言回绝。

在婉言拒绝的时候，一定要先让对方觉察到你的态度，不要绕了半天连自己都不清楚要表达的是什么意思，更不要说对方能不能理解了。 在单独说话的场合说"不"，对方往往更加容易接受。 拒绝对方时，要给对方留个退路。 所以，首先你要把对方的话从始至终地认真听一遍，尔后再决定如何去拒绝对方——最好能使用"引用对方的话来'不肯定'他的要求",从而给对方留下比较充足的面子;如果对方是聪明人,那么你的"不肯定",他自然心领神会。

20世纪三四十年代,美国总统富兰克林·罗斯福就任总统之前,曾经在海军担任部长助理这一要职。有一次,他的好友向他打听美国海军在加勒比海某岛建潜艇基地的计划。

当时来讲,这是不能公开的军事秘密。面对好友的提问,罗斯福如何拒绝才比较好呢?罗斯福想了想,故意靠近好友,神秘地朝周围看了看,压低嗓音问道:"你能对不宜外传的事情保密吗?"

好友以为罗斯福准备"泄密"了,马上点头保证说:"当然能。"

罗斯福坐正了身子笑道:"我也一样!"

好友这才发现自己上了罗斯福的"当",但他随即也明白了罗斯福的用意,开怀大笑起来,不再打听了。

罗斯福之所以能忠于自己的职责,严守国家机密——因为他知道,人都有一个共性,喜欢打听隐秘的事情;打听到了之后,又不能守口如瓶,总是想方设法地告诉别人,以展示自己的能耐。罗斯福深谙其中之奥妙,所以,他对任何人都保密。罗斯福使用的是委婉含蓄的拒绝方法,其语言也具有轻松幽默的情趣,表现了罗斯福的高超语言艺术:在朋友面前既坚持了不能泄密的原则立场,又没有令朋友陷入难堪,取得了非常好的语言交际效果。

下面是一个现实中的例子。

两个打工的老乡,找到在某市工作的李某,倾诉了一番打工的艰辛,一再说住不起客店,想租房又没有找到合适的,言外之意就是要借宿。

李某听后马上暗示说："是啊，城里比不了咱们乡下，住房太紧了。就拿我来说吧，这么两间耳朵眼大的房子，住着三代人。我那上高中的儿子，晚上只能睡沙发上。你们大老远地来看我，应该留你们在家里好好地住上几天，可惜做不到啊！"

两位老乡听后，应和几句，知趣地离开了。

两个老乡没有直接向李某提出借宿请求，而只是一味地埋怨在城里找房子住如何困难；李某也假装没听出来弦外之音，立刻附和他们的观点，并说自己家住房如何紧张，为不能留他们住宿而表示遗憾。老乡听了这番话，既明白了李某的难处，又知道他在拒绝自己，只好离开了。

习惯于中庸之道的中国人，在拒绝别人时比较容易产生一些心理障碍，这是受传统观念的影响，同时，也与当今社会某些从众的心理有关。其实，做到"却要求，留脸面"并不太难，可以尝试下面这些做法：

"哦，是这样，可是我还没有想好，考虑一下再说吧。"

"哦，我明白了，可是你最好找对这件事更感兴趣的人吧，好吗？"

"啊！对不起，今天我还有事，只好当逃兵了。"

使用摆手、摇头、耸肩、皱眉、转身等身体语言和否定的表情来表示自己的拒绝态度。

"哦，我再和朋友商量一下——你也再想想，过几天再决定好吗？"

"今天咱们先不谈这个，还是说说你关心的另一件事吧……"

“真对不起，这件事我实在是爱莫能助了——不过，我可以帮你做另一件事！”

“你问问他，他可以作证，我从来不干这种事！”

“你为我想想，我怎么能去做没把握的事？ 你想让我出洋相啊。”

重人情，讲面子

众所周知，我国是文明古国、礼仪之邦。 在人际交往中，向来是很讲人情礼仪的。 但是，当前社会上有的“人情”却远远超出了这个范围。

“重人情，讲面子”是中国人维持关系的一条准则，每一个在社会上“行走”的人，几乎必然会受到这一准则的影响——这种影响很可能使人变得说话瞻前顾后，凡事先考虑人情，失去了自我，更有甚者为人情所奴役，做出违法犯罪的事来。

其实大可不必如此！ 每一个手中有点权力的人都应该清楚：对于不必要的人情，隐藏在人情背后的“不情之请”，正确的做法是张口拒绝——拒人情，留自在。

春秋时期，鲁国有一位名叫公仪休的人，因其德才兼备而被任命为鲁国相国。 公仪休爱吃鱼。 有一天有人送鱼给他，他却拒而不受。

送鱼的人说：“相国，你喜欢吃鱼，为什么不接受我送的鱼呢？"

公仪休说："正是因为我喜欢吃鱼，才不能收你的鱼。 我现在任相国，有足够的薪俸自己买鱼吃；如果我收了你的鱼，而因此被免了官，断了俸禄，到那时谁还来给我送鱼，那样的话岂不是没鱼吃了吗？"

一席话说得来人哑然失笑，只好乖乖地把鱼提走了。

公仪休拒鱼，找的就是一个很好的借口——不因小失大。这是一个非常实在的道理：不受贿，可以用自己的薪俸买鱼吃；受贿很有可能会丢官，丢官以后，人们就不再送"鱼"给你，而自己由于失去俸禄，便什么爱好都不能实现了。

在新中国成立初期，毛泽东主席为提醒全党同志要警惕敌人用裹着糖衣的炮弹来攻击，将新中国成立第一案的"主角"刘青山、张子善"明正典刑"。

在经济发展飞速前进、社会生活日益丰富的今天，掌握着一定权力的党政干部更要提高警惕，应该像公仪休拒鱼那样，拒绝伴随新式"糖衣炮弹"而来的人情，留得"自己买鱼吃"的自在。

东汉安帝时，杨震被委任为东莱郡太守，赴任途中经过昌邑县，县令王密迎接。 王密是杨震推荐的，对杨震感恩戴德，念念不忘，总想报答他，心想这回总算是有机会了。

夜里，王密怀揣十斤黄金，悄悄来到杨震住处，双手奉上。

杨震不看金子，笑问王密道："咱俩也算得上老朋友了，我很了解你，可你却不了解我，这是为什么呢？"

王密急忙声称金子是自家之物，绝非贪贿所得，敬奉老先生也只是略表寸心，并说："现在深更半夜，这事根本无人知道。"

杨震不怒自威，一字一句地说："天知、地知、你知、我知，怎能说是无人知道！"

王密仿佛遭到了迎头棒喝，顿时清醒过来，羞愧难当，无地自容，连声感谢杨震的教诲，收起金子离开了。

杨震从此有了"四知太守"的美名。

好一个"四知太守"，面对朋友的"寸心"，置身于深夜中的私人住处，杨震依然说出"天知、地知、你知、我知"的警示的话——在这样的一身正气的上司面前，下属还能有何非分之想？

外国人当中也不乏"拒人情，留自在"的知名人物。林肯就任美国总统以后，亲朋好友都想沾他的光，为谋得一官半职，人们接踵而来。跑官客踏破了门槛，这使林肯在为国事操劳之余，遭受了无穷无尽的烦恼，让林肯大伤脑筋。

有个代表团劝说林肯任命他们推荐的人来担任桑德威奇岛的专员。他们说，这个人不但有能力，而且身体虚弱，那个地方的气候对他也会有好处。

"先生们，"林肯叹息道，"十分遗憾，另外还有八个人已经申请了这个职位，他们都比你们说的这个人病重。"

一个女人迫切地要求林肯授予她的儿子上校军衔。

"夫人，"林肯说，"我想，你一家已经为国家做够了贡献，现在该给别人一个机会了。"

即使在林肯生病时，前来求职的人依然是络绎不绝。

一天，有一个人来到林肯这里。他一坐下就摆出一副要长谈的架势。正好总统的医生进来，林肯便伸出双手对医生说："医生，你看我的这些疙瘩到底是怎么一回事？"

"这是假天花，也可能是轻度天花。"医生认真地回答。

"我全身都长满了——我想，这种病是会传染的吧？"

"传染性确实特别强。"医生肯定地说。

就在林肯和医生的一问一答中，那个人早已经站起身来了，他大声地对林肯说："林肯先生，我该走了，我只是来看望你一下。"

"啊，你可以再坐一会儿，别这么急嘛！"林肯开心地说道。

"谢谢你！ 林肯先生，我以后会再来拜访你的。"那个人说着，急忙向门口走去。

一人得道，鸡犬升天，这是一般人得势后对朋友的做法，也是一般人对得势朋友的期望甚至是要求。

林肯拒绝跑官客，用得最多的是"耍滑"，用"另外还有八个人已经申请了这个职位"的说法，巧妙地回绝了某代表团提出的委任他们推荐的人担任桑德威奇岛的专员的请求；以"你一家已经为国家做够了贡献，现在该给别人一个机会了"的说法，巧妙拒绝了某女人提出的授予她儿子上校军衔的要求；以全身长满传染性极强的天花的自我曝光，巧妙地吓走了去医院找他的人。

以上讲的是古人、外国人拒绝人情背后要求的例子，下面再来看一个 2004 年 12 月发生在国内的真实的故事。

小徐和小杨是四川省仁寿县法院民一庭的两名法官，12 月的一天两人一同办理一桩变更抚养权的纠纷案。

开庭前，被告的母亲贾老太太把一包启封的香烟放到了小徐的办公桌上，连声招呼："请抽烟！"

小徐回答："我不会抽烟。"

贾老太太示意性地将手在烟盒上轻轻地拍了拍，说："小伙子，不会就学嘛。"

这时，小徐发现贾老太太的表情有点异常，他马上就意识到了这包香烟可能有问题：他轻轻地打开烟盒——果然，烟盒里面装着好几张百元大钞。原来，贾老太太怕自己的儿子吃亏，就想用这种方法来和两名年轻的法官拉关系。由于当时办公室里人多而杂，小徐为了顾及眼前这位上了年纪的老人的面子，没有当众把这盒"香烟"的秘密揭穿。

处理完文书材料后，小徐让小杨把在走廊里等候的贾老太太请到办公室，非常严肃地对她说："老人家，全世界的人都知道吸烟有害健康——为了身体健康，请您把这盒'香烟'收回吧！"说着，小徐用双手把那盒香烟塞回贾老太太的手里，也轻轻地拍了拍，有所示意。贾老太太还想推辞，但被小徐果断制止。

那天下午，经小徐、小杨两位法官做耐心细致的说服教育工作，此案件当事人双方达成调解协议。贾老太太对此也十分满意。待儿子签收法律文书以后，贾老太太拉着小徐的手，又意味深长地说："年轻人，不吸烟好呀，祝你们永远保持健康的身体！"

贾老太太也绝不是有意拉小徐、小杨两位法官下水的别有用心的人，她给他们"香烟"，很难说是属于"行贿"——她想走走人情，来保护自己的儿子，仅此而已。

然而，事关法律尊严和政府的形象，如何处理这一人情，小徐、小杨两位法官将面临考验。面对一个老人出于爱子之心的糊涂做法和隐含的要求，小徐和小杨的做法无疑是非常正确的。对暗号式地回答贾老太太，在别人无所察觉中拒绝了对方的"心意"和请求，表面上不动声色，但彼此心照不宣。"拒人情，留自在"，这种做法好就好在留下了双方都需要的"自在"。

人生在世，谁没有儿女之情、朋友之谊，问题就在于这情该因何而发、因何而用。

新中国成立初期，毛泽东同志不断地接到亲朋故友的来信，有求他安排工作的，有找他为子孙入学说话的，也有托他做入党介绍人的……

毛泽东严格坚持原则，对于至亲好友，也一概不开后门；毛岸英也写信做工作，他在写给表舅的信中说："反动派常骂共产党没有人情，不讲人情，如果他们所指的是这种帮助亲戚朋友、同乡同事做官发财的人情的话，那么我们共产党正是没有这种人情，不讲这种人情。共产党有的是另一种人情，那便是对人民的无限热爱，对劳苦大众的无限热爱，其中也包括自己的父母子女亲戚在内……"

所以，关键是要辨清人情之味，看看究竟是哪种人情，再决定采取哪种态度。

当人情与以下情况相关时，我们则应该"拒人情，留自在"：

(1) 违法犯罪的行为。

(2) 违背自己做人的原则。

(3) 违背自己的价值观念。

(4) 有损自己的人格。

(5) 不符合自己的兴趣爱好。

(6) 助长虚荣心。

(7) 庸俗的交易。

(8) 可能陷入关系网。

语言沟通，委婉是奇效黏合剂

在语言沟通的过程中，委婉是一种很有奇效的黏合剂。委婉是一种以真诚开放的沟通方式来对待对方，同时，也尊重他人的感受，不随便伤害别人的语言表达方式。所以，会说委婉含蓄语的人也是一个说话高手。

委婉含蓄的表达是一门语言的艺术。委婉含蓄的表达比口无遮拦、直截了当地说更能展现人的语言修养。直言不讳、开门见山虽然简单明了，但给人的刺激太大，非常容易伤害对方的自尊心，例如一个服务员在向顾客介绍衣服的时候，经常会说："你的脸比较大，适合穿 ×× 的领子；你的臀部长得不完美，适合穿 ×× 的下装。"而应该说："你是不是觉得你穿上这种领型的衬衫会更漂亮？""这种强调颈部和夸张肩部的设计对平衡上下身的围度比例将会起到更好的调节作用，使整体匀称而又不失成熟之美"此类建议的话。虽然前后意思相同，但后者委婉而有礼貌，比较得体，使人听起来轻松自在，心情舒畅，也更容易使人接受。

委婉含蓄的语言，是劝说他人的法宝，同时它也能适应人们心理上的自尊感，容易产生赞同。换句话来说，委婉含蓄的语言就是成熟、稳重的表现。中国人讲究曲径通幽的含蓄美，虽然它和条条大路通罗马是相同的意思，但一比较就有明显的差别，而智者往往就是说话委婉含蓄。

要怎么说话才能体现出一种艺术性呢？

也许有的人会反对，因为他们认为直言不讳地批评你的人才是真心对你好的人。

对于"真心"有真实、真诚的意思。对别人说话时我们需要真诚，但不一定非要真实。比如你看到一个长相欠佳的人，你一见面就如实地对他（她）说："你长得真难看！"你说人家听了之后会喜欢你吗？会不攻击你吗？你可能会委屈地说你只是实事求是。不错，你确实是实话实说了，但也伤害了对方。所以，我们说话时要尽可能地说得含蓄、委婉些，这样才能使周围的人接近你、亲近你，对你满意。

其实要让一个人满意别人那是不可能的事，因为每个人都有自尊，都认为自己不错。比如，碰到比他个子高的人，他会不屑地说："长得高有什么了不起的！"遇到比他矮的人，他也会嘲笑说："这么矮，难看死了！"遇到和他一样高的人，他会说："还不是和我一个样！"只是很多人从不表露出来而已。从某种意义来讲，我们不是三岁小孩，口无遮拦。孩子说了真话，人们会说童言无忌，天真可爱。他们的真话可能会博得大家一笑。可成人也那样讲话的话，人家肯定会鄙夷其愚蠢，骄傲自大。这也就是蠢者说话口无遮拦、直截了当所造成的后果。

丘吉尔说："要让一个人有某种优点，你就要说得好像他已经具备了这个优点一般。"如果有人碰到困难而畏首畏尾，或者办起事来优柔寡断，那么你不妨适时而委婉地说："这样前怕狼后怕虎的不是你以前的表现呀""你是个很有决断力的人"。先给他戴上他应该具备的优点的高帽子，给予鼓励。由于给他一个良好形象的定位，所以他也会为此而努力，从而改变目前的不当做法。 而不应直说："你这个人真是笨，什么事情都办不好。"这样说会使对方丧失勇气和信心。

婉转表达胜于直来直去

在为人处世中，直言直语是一把害人伤己的双面利刃。喜欢直言直语的人通常具有正义倾向的性格，语言的爆发力和杀伤力也都非常强，所以有时候这种人会被别人用来当枪使。 当与别人说话的时候，少直言指陈他人的不足，或纠正他人性格上的缺点。 无数事实证明，这并非爱之深，责之切，而是在和他过不去。 每个人的内心都有一座堡垒，把自我藏在里面。 你的直言直语恰好把他的堡垒攻破，把人家从里面揪出来。 所以，能不讲就不要讲，要讲就绕个弯，点到为止。

在日常生活中，直接辱骂别人，听者当然很容易就能听出来，如果说话人使用的是隐含的侮辱人的话，听话人就更应该注意了。 听话人不仅要善于听出对方的恶意，而且必要时还可以"以其人之道还治其人之身"，给对方一个含蓄的回击。 据说，有一位商人看到诗人海涅（海涅是犹太人），就对他说："我最近去了塔希提岛，你知道在岛上最能引起我注意的是什么吗？"海涅说："你说吧，是什么？"商人说："在那个岛上呀，既没有犹太人，也没有驴子！"海涅却回答说："那好办，要是我们一起去塔希提岛，就可以弥补这个缺陷。"这里商人把"犹太人"与"驴子"相提并论，很明显是在暗地里骂"犹太人与驴子一样，无法到达那个岛"，而海涅却听出了对方的侮辱和嘲笑，回答时话里有话，暗示这个商人就是头驴子，使商人自讨无趣。

直言直语有两种情况，要么是一针见血，要么是胡言乱语。一针见血地说出别人的毛病，即使出发点是好的，但其杀伤力极强，很容易使别人下不来台。如果能用婉转一点的方式提示别人，其效果要远远好于直言直语。

胡言乱语会让人恼羞成怒，甚至怀恨在心，导致你人缘很差。这样的人，别人不是对你敬而远之，就是对你嗤之以鼻。

说话不加修饰，只会直言直语，也是一种无知的表现。有些善意的东西，若能够婉转表达，别人会产生感激之情。如果自己一味地直言不讳，别人会认为是与其过不去。

在与人交谈的过程中，总会有一些让人不便、不忍或者是语境不允许直说的话题和内容，这时候就要将"词锋"隐遁，或者是把棱角磨圆一些，使语境软化一些，好让听者容易接受。

曾经有这样一个故事，触龙劝说赵太后同意让小儿子到齐国做人质，就是运用了这种"迂回"的手法。他在众大臣劝说无果的情况下，上前劝说，先是关心太后的身体健康，然后又向太后请求为自己的小儿子安排工作，在一步一步打消了太后的思想顾虑之后，又用"激将法"说她是爱自己的女儿胜于爱小儿子，再接下去道出了"为之计深远"的大计，最后终于说服太后让小儿子去齐国做人质。

可以想象，假如触龙直接劝说，是不可能取得好的效果的。其实，也就是在说话时，在步入正题前先做一个"铺垫"，说话"迂回"一些，然后再一步一步导入重心，这样就会收到良好的效果，就像游览古典园林，"曲径通幽，渐入佳境"。

拒绝他人要把握分寸

一般来说，你还可以用下面一些话来表达你的拒绝之意。

"这真是一个好主意，只可惜由于……我们不能马上采用它，等时机对了再商量吧！""这个主意太好了，但是如果只从眼下的这些条件来看，却不太可行，我想我们以后肯定是能够用到它的。""我知道你是一个体谅朋友的人，你如果对我不信任，不认为我能完成这件事，那么你是不会找我的，但是我真的没有时间，下次如果有什么事情我一定会尽我的全力来支持你。"等等。

有时别人会在比较急的情况下求助于你，但是你确实没有时间、没有办法帮助他的时候，一定要考虑到对方的实际情况和他当时的心情，一定要避免对方恼羞成怒，造成以后相互之间的不愉快。首先你可以表现出自己积极的态度，需要自己忙过之后才能处理、而对方却又必须立即办好的事，此时他就会另找他人了。

某学校里有一个艺术团的小提琴手叫小玲，经常随团进行演出。一次，一位朋友对她说："我特别喜欢你的音乐，很想到剧院现场欣赏你演奏小提琴，只可惜售票处的票已经卖光了。"

小玲手头也没有票，又不愿因这件事费更多心思，不想答应他的要求。 但是，小玲没有直接回绝朋友的请求，她只是先承后转，然后才拒绝了朋友的请求。 她平静地对朋友说："遗憾得很，我手上也没有票了。 不过，你可以坐我在大厅的座位，如果你高兴……"

朋友喜出望外："在哪里呀？"

小玲答道："不难找——就在小提琴后面。"

生活中，我们常有这样的经历：当别人还未向你提出要求，你可能就知道对方的目的，可是却不好当面拒绝，这时，你就可以采取"欲抑先扬""以攻为守"来拒绝他的要求。

比如，朋友找你借钱，这个时候你可以在对方说出他的请求之前，先于他们的请求说："这么巧呀！ 正好碰到你，我最近手头有点紧，能不能……"

对方如果知道你这样的情况，自然就不会再向你开口借钱了，可能他还会懊悔自己到和尚庙借梳子——走错门了呢！

小李从一个朋友那里借了一架照相机，一路不停地把玩。途中遇到了小赵。 小赵有个毛病，就是见了熟人有好玩的东西后，就想借去先玩玩。 这次，他看见了小李手中的照相机，马上便有了兴致。 不管小李怎样说，小赵依然不肯放弃。

小李灵机一动，故作姿态地说："好吧，我可以借给你，你却不可以再借给其他任何人，你做得到吗？"

小赵一听，正合自己的意思，于是连忙说："当然，当然。 我一定做到的。"

"绝不失信！ "小李追加一句，"绝不失信，失信还怎么做人！"

此时，小李斩钉截铁地说："我也不能失信，因为别人也是这样要求我的，不把这架照相机外借。"听到小李的这句话后，小赵目瞪口呆，便不好再强求下去。

运用巧妙的语言委婉地拒绝他人，不但能使对方容易接受，同时还给自己留个台阶。这样就冲淡了彼此间因拒绝而产生的尴尬和不快，不但能减少误会，反而还会使对方更加信任、欣赏你。

学会维护自身权利

若别人有求于你，而你出于各种原因却不能接受，又不能直接拒绝，怕因此伤害对方的自尊心；若对方提出一些看法，你不同意，既不想讲违心之言，直接反驳又不合人情；若你看不惯对方的行为，既想透露内心的真情，又想尽力委婉，以免刺激对方。要想处理好上述社交中经常出现的情况，就要学会巧妙委婉地拒绝，见机行事。

1. 假托直言

直言是对人信任的标志。但是多数情况下，直言因逆耳而不能收到预期的效果。在这种情况下，要拒绝、制止或反对对方的某些要求、行为时，可以用一些不受自己控制的理由来回绝，这样对方就容易接受。例如：某报社的推销员登门要求你订阅他们发行的报纸，可你不想订阅。 你可以彬彬有礼地说："谢谢。 你们的服务很周到，但是，报纸我们真的已经有很多了，请谅解。"

2.反复申诉

你到商店去买东西，由于购物的人多，售货员一时疏忽少找了钱。 你向售货员提出后，售货员因记不清而引起了纠纷。这时你要以一种平静的声音诉说她是如何少找给你钱的，直到弄清事情的来龙去脉。 下面这段店员和买主的对话就是一个很好的例子。

买主：小姐，你少找给我十元钱。

店员：不会吧，钱款可是当面点清了的。

买主：我相信你们总是这样做的，可是这次你真的少找钱了。

店员：你有发货票吗？

买主：有（拿出发货票），你看，就是差了十元钱。

店员：（看发货票）两双儿童靴是吧。

买主：不错，你再算算，就是差十元钱。

店员：是不是在你的衣袋里面？ 你是不是掉在哪儿了？

买主：不会的，我没动地方。 口袋真的已经掏干净了。

店员：现在没法结算，等后面打烊时我们结算，你来一趟好吗？

买主：好，到时你一定能发现的。

3.模糊应对

如果由于某种原因不愿意或不便于把自己的真实想法说给

对方，便只能模糊地应对对方。 例如：

在医院里，一位重症病人咨询医生说："我的病是不是很重，还有康复的希望吗？"

医生回答："你的病确实不轻，但是经过治疗，安心养病，慢慢会好的。"

这里的"慢慢会好"就是模糊语言。 这"慢慢"是多久，是说不清的，但这恰好给病人以希望，而希望便是给病人的最大的安慰。

4. 热情应对

热情地表示希望能帮助到别人，并表示同情，可实际上是心有余而力不足，请对方谅解，而不直接拒绝。 这也是一个比较好的办法。 例如：客户要求电信局安装市内住宅电话，由于供不应求，无法一一满足，却又不能完全回绝客户。

回答时，应表示同情，并热情地说："满足客户的要求是我们应尽的责任，可是由于客户需求量太大，还不能全部解决，我们正创造条件，请你耐心等待。"

5. 旁逸斜出

对对方提出的问题给予回避性的回答，就避免了直接去否定对方。 例如：

星期天你的妻子说："我想让你陪我去看话剧好吗？"而你不愿去，可以说："去看电影怎么样？"这种方式易使对方接受，对方也可能会同意你的意见。

拒绝他人要讲究策略

在生活中，面对不喜欢的对象，要趁其不备敲击他一下，以便打退对方。若缺乏机会，不妨参照上例，制造机会，先使对方兴高采烈，然后趁对方缺乏心理准备，便突然说出借口后离开，以此达到拒绝的目的。

日本成功学大师多湖辉曾讲过这样一件事：

在 20 世纪 60 年代的学运之中，某大学的教室里正在上课，一群学运积极分子闯了进来，让教授不知所措。当着班上学生的面，教授想显示一点宽容和善解人意的风度，于是，打算先让他们讲出观点后再来说服他们。结果与他的善良想法完全相反，学生们乘势向他提出许许多多的问题，彻底将课堂捣乱，再也上不成课了。并且这之后只要他上课就有激进派的学生出现在课堂上，这种情形一直延续了一年。

从这一教训中，教授明白，若无意接受对方，最好别想去说服他。对方一开口就应该阻止他们："你们这是妨碍教学，离开我的教室，与课堂无关的事，让我们课后再说！"假如再发生一次同样的事，教授能否应付呢？就算他显示出了拒绝的态度，学生们也会与他争辩。如果一点也不去听学生的质问，一开始就掌握主动权，至少不会给对方以可乘之机，也不至于弄得一年时间都上不好课！

一位名叫金六郎的青年去拜访本田宗一郎，想出售自己的一块地。 本田宗一郎很认真地听着金六郎的讲话，并一直沉默着。 本田宗一郎听完金六郎的陈述后，并没有做出"买"或者"不买"的直接回答。 他拿起桌上的一些纤维样的东西给金六郎看，并说：

"你认识这件东西吗？"

"不认识。"金六朗回答。

"这是一种新型材料，我想用它来做本田宗一郎汽车的外壳。"本田宗一郎详详细细地向金六郎讲述了一遍，不知不觉都过了十五分钟。 他谈了这种新型汽车制造材料的来历和好处，又诚诚恳恳地讲了明年他的汽车计划进行何种新的设计。金六郎根本就不清楚这些东西，但感到十分愉快。

在本田宗一郎送走金六郎时，才顺便说了一句：他对他的地不感兴趣。 如果本田宗一郎一开始就将自己的想法告诉金六郎，金六郎一定会问到底，并想方设法劝说本田宗一郎，让他买下这块地。 本田宗一郎不直接言明的理由正是如此，他不想与金六郎为此争辩什么。 因此，拒绝了别人的想法，就应尽量用不触及话题的内容去回避。

学会说"不"

1. 忌说话绵软无力

拒绝别人时若说话绵软无力，甚至哼哼唧唧半天讲不清楚，易使别人产生厌恶情绪，认为你不是帮不了他，而是不愿去麻烦自己。 一般而言，只有心虚的人才会如此吞吞吐吐。

2.忌热情过头

拒绝别人就要真诚地说明原因，之后不管表示惋惜也好，无奈也好，即使别人不乐意，也不能对你的拒绝妄加指责。 如果你想让对方得到安慰，一个劲"可惜可惜""下次下次""一定一定"，则未免有些虚伪。

3.忌触动感情

据心理学家研究，"触动"是很容易产生共同感受的，所以，拒绝时要注意避开"触动"。 给人以"敬而远之"的态度，比较容易把"不"说出来并说得较好。 或者说，若别人想与你亲近，你要保持头脑清醒，以免因感情用事给对方可乘之机。 一般来说，见一次面就能记住别人名字的人，常容易与人接近，不断称呼别人，并冠之以"兄""先生"等，常能产生亲近感。 那么，反过来你想说"不"时就要拒绝别人的这种表示，即对方的名字一概不提，这样加大和对方的心理距离，容易说"不"。 还有谈话时保持距离，使其不容易做出拍、拉等触动性的亲密动作。 另外，最好也不要触摸对方递出来的东西。 东西也和人一样，一经"触摸"就会产生"亲密感"，所以，就难以去拒绝了。

第八章

准确表达,把话说到点子上

言不在多

1793 年，美国开国总统华盛顿仅 135 个字的就职演说成就了经典；同样是美国总统，林肯著名的葛底斯堡演说只有 10 个句子。他们的演说一气呵成且重点突出，充分体现了他们非凡的驾驭语言的能力。

尤其是林肯的演说，仅仅 600 余字，用时不到 3 分钟，但却赢得了 15000 名听众经久不息的掌声，并引起了全国性的轰动。大家一致认为："像这样篇幅短小精悍的演说，真是一种无价之宝。它感情深厚、思想集中、措辞精练，而且字字句句都写得朴实、优雅，行文流畅，完全出乎人们的意料。"

因此，林肯的手稿被收藏于国会图书馆，演说词也被铸成金文，放在牛津大学，成为经典之作。

1984 年，新当选的法国总理洛朗·法比尤斯发表的就职演说更为经典，有人这样描述道："还没等人们醒悟过来，新总理已转身回办公室去了。"

他的演说只有两句话："新政府的任务是国家现代化，团结法国人民。为此，我们要求大家保持平静的心态，拿出最大的决心。谢谢大家。"这篇演讲字字是金，可谓独具匠心。

美国莱特兄弟创造的"一句话演讲"，在历史上堪称一绝。

当他们成功地驾驶动力飞机，飞上蓝天之后，在庆祝酒会上，哥哥威尔伯盛情难却，他即兴说了一句："据我们所知，鸟类中会说话的只有鹦鹉，而鹦鹉是飞不高的。"这句哲理深刻的演说，让在场所有人警醒，并报以热烈的掌声。

综上所述，会议或者演讲，与时间的长短并无太大关系，往往短小精悍的会议或演讲效果更好，更具艺术魅力。

研究发现，大多数人在听报告或者演讲的时候，只有 20 分钟左右的时间是注意力集中的，而最佳状态只有前 15 分钟。另外，年龄、性别、健康状况也是其影响因素，身体强壮的青壮年精力集中的时间会稍长一些；而老幼体弱的人，相对要短一些。

所以，在讲话的时候，最好将时间控制在 30 分钟以内，不要拖得太长。

那么，如何做到语言的简洁精练呢？

首先，在演讲或说话时，大刀阔斧地删除话语中那些废言赘句，即把"臃肿"的话变得骨态苗条起来。

其次，要使所讲的内容主题鲜明、重点突出。

再次，用尽量简洁的话，准确表达出自己的全部意思。

当今快节奏的社会，人们不喜欢那些繁杂冗长、晦涩难懂的空话或者套话。说话，尤其是演讲，要做到简洁、明快，使词汇更加丰富，思路更加清晰是赢得掌声的关键所在。

如果词语匮乏，必然导致词不达意、啰唆干瘪；如果思路不清，会让听众不知所云。

高尔基曾说过："最简洁的语言中，往往隐藏着最伟大的哲理。"

法国作家福楼拜，可是锤炼语言的一个典范。为了得到想要的几句话，他常常会反复斟酌一个月之久。

美国学者多琳·安森德·图尔克穆有这样一句名言："如果你还没有想好用哪个词最合适，那你就不要开口。"

在演说或说话过程中，要学会"筛选""过滤"，从而选出最精辟的、能恰如其分表情达意的词句，用最简洁的语言表达你的观点。

准确表达自己的意图

日常生活中，人们常常遇到这样的情况：与别人争论某个问题时，尽管自己有鲜明、正确的观点，却不能说服对方，有时还会被对方反将一军。这是为什么呢？心理学家认为，要使自己的观点被认同，仅观点正确还不够，还要掌握谈话技巧。

说服别人，要以理服人、以德服人、以情服人、以礼服人。说服别人时，不仅要有耐心，还要掌握一定的方法和技巧，不要以权以势压人，更不能靠投机、欺骗手段，否则，没有人会心甘情愿地听从。另外，说服别人必须要有高姿态，说服别人应当入情入理，如果强词夺理，只会导致对方产生厌恶感。

那么，如何才能有效地说服别人呢？请参考以下几条建议：

1.以退为进，调节气氛

首先应该想方设法调节谈话气氛，尽量避免使用命令的话语；友好和谐的气氛有利于说服的成功。反之，在说服时如果不尊重他人，摆出一副盛气凌人的架势，很难成功。毕竟，每个人都有自尊心，都希望得到别人的尊重。

有一位中学老师非常善用此法来说服学生。他担任的是一个差班的班主任，而此时恰好赶上学校安排各班学生参加清洁操场的劳动。干活的时候，全班罢工，不肯干活，不听老师的劝。后来，这个老师想到一个以退为进的办法。他问学生："我知道你们并不是怕干活，而是怕热是吧？"学生们不愿背上懒惰的标签，便七嘴八舌地说确实是因为天气太热了。老师说："既然是这样，天气凉快些后我们再进行，大家先放松一下。"一听这话，学生们掌声四起，高呼万岁。老师为了使气氛更热烈一些，还买了几十个雪糕让大家解暑。在说说笑笑中，学生们接受了老师的这种说服方法。

2.善意威胁，以刚制刚

有的时候，用善意的威胁，也能利用对方产生的恐惧感达到说服的目的。

在一次集体活动中，领队用一种以刚制刚的办法，说服了旅馆经理。事情是这样的：当大家风尘仆仆地赶到事先预订的旅馆时，才得知原来订好的套房（有单独浴室）竟没有热水。为了解决此事，领队约见了旅馆经理。

领队：对不起，这么晚还把您从家里请来。天这么热，不洗澡怎么行呢？何况我们预订套房时，说好供应热水，还要麻烦您给我们解决一下。

经理：此事难啊！锅炉工回家去了，没有人放水，我已经让他们开了集体浴室，你们可以去那儿洗。

领队：当然，集体浴室不是不可以，不过，话要讲清，套房一人一晚 50 元，是有单独浴室的。现在却要在集体浴室洗澡，那标准就不一样了，我们只能每人少付 15 元。

经理：那不行！

领队：那我们就需要您提供热水。

经理：抱歉，无法做到这个。

领队：您一定有办法做到！

经理：你说有什么办法？

领队：您有两个办法：一是找回失职的锅炉工；二是您可以给每个房间拎两桶热水，由您选择。

这次交涉的结果：经理派人找回了锅炉工，40 分钟后，每间套房的浴室都有了热水。

尽管威胁能增强说服力，但是，务必注意以下几点：一、态度友善是关键。二、讲清后果，说明道理。三、把握好威胁的度，否则会弄巧成拙，事倍而功半。

3. 消除防范心理，以情感化

一般来说，被说服对象往往会有抵触情绪，尤其是在危急关头。这时候，要想成功说服，就要注意消除对方的防范心理。怎么能做到这一点呢？从人的潜意识来说，防范心理是把对方当作敌人时产生的一种自卫心理。那么，消除防范心理，最有效的方法就是，反复给对方一些暗示，表示自己是朋友而不是敌人。暗示的方法多种多样，如：嘘寒问暖，给予关心，表示愿意给予帮助等。

有一个女出租车司机，送一名男乘客，却被男乘客威胁把钱都交出来。她装作害怕的样子，交给歹徒 300 元钱，说："今天挣到的钱全部给你，我还有一把零钱也给你吧。"说完，又拿出 20 元零用钱，这一举动让歹徒不知所措。"的姐"继续说："你家在哪儿住？ 我送你回家吧。 这么晚了，家人肯定等得着急了。"这么一来，歹徒把刀收了起来，让"的姐"送他到火车站。 趁气氛缓和，"的姐"不失时机地启发歹徒："我家里原来也非常困难，咱又没啥技术，后来，我就跟人家学开车，干起这一行了。 挣钱虽然少点，但日子过得踏实。 何况还能自食其力！"见歹徒沉默不语，"的姐"继续说："唉，男子汉四肢健全，找活很容易，可要选对活，不然，会一失足成千古恨。"火车站到了，见歹徒要下车，"的姐"又说："我的钱就算帮助你的，用它干点正事，以后不要这样做了，靠自己的双手养活自己！"一直不说话的歹徒听罢，突然哭了，并把钱塞到"的姐"手里："大姐，我以后饿死也不干这事了。"说完，低着头跑开了。

在这个事例中，"的姐"用巧妙的言语，消除了青年的防范心理，不仅自己毫发未损，还达到了说服的目的。

4. 投其所好，以心换心

说服别人时，最好站在别人的立场上考虑一下，这种投其所好的技巧，屡试不爽。 要想做到这一点，最重要的是"知己知彼"，唯先知彼，才能从对方的立场上考虑问题，从而达到说服的目的。

有一个精密机械工厂，将新产品的部分部件授权于一个小工厂制造。 不料，小厂生产的零件均不合格。 由于时间紧、任务重，总厂负责人只得让那个小厂尽快重新制造，但小厂负责人认为错不在自身，不想返工，双方僵持了许久。 总厂厂长弄清此事的来龙去脉后，对小厂负责人说："我想，这件事完全是由于公司设计人员工作不仔细所致，使您吃了亏，实在抱歉。万幸的是，正是您才让我们发现总厂的管理中存在的问题。所以，好人做到底，你们不妨将它制造得更完美一点，这样一来，对你我双方都有好处。"最终，双方重新达成了返工制造的协议。

小厂负责人之所以被说服，是因为总厂厂长使他觉得对方在为他着想。

5.寻求一致，以短补长

有些人不喜欢接受他人的意见，经常处于"不"的心理状态中，一脸拒人于千里之外的表情。对付这种人，如果一开始就提出问题，势必让对方产生抵触心理。因此，要努力寻找与对方一致的地方吸引注意，然后再水到渠成地提出自己的问题，最终达到目的，使对方接受自己的建议。

说服他人，了解对方的喜好是关键，但最重要的是会说话。

东汉末年，刘备攻打曹操失败，为图他日东山再起，他投奔了刘表。为了寻求人才，他拜访了荆州名士司马徽。司马徽推荐说："此地有'卧龙''凤雏'，二人得一，可安天下。"经多方打听，刘备得知"卧龙"就是诸葛亮，此人隐居在襄阳城西二十里的隆中，精通史书，却身居草屋，身自躬耕，刘备决定亲自拜访。

刘备三顾茅庐，前两次诸葛亮避而不见，第三次才亲自出迎。在茅庐中，诸葛亮和刘备共同探讨时局，分析形势，建立霸业。刘备诚意请他出山相助，重兴汉室。诸葛亮也被刘备"三顾茅庐"的诚意所打动，同时，为了实现自己的政治抱负而离开了隆中。

此后，诸葛亮尽显才华，帮助刘备东联孙吴，北伐曹魏，占据荆、益两州，北向中原，建立蜀汉政权，形成与东吴、曹魏三国鼎立的局面。

说话要找准时机

社交高手无论何时何地，都会让自己尽快融入别人的谈话中。那么，他们是如何做到的呢？下面有几点建议：

1. 适时地安慰对方

当别人与你谈论某事时，如果对方不清楚你是否对此话题感兴趣，常常会不知所措，有时还会为此而产生焦虑情绪，此时，应及时安慰对方。

你可以说"我对你说的那件事很感兴趣，能否再详细一点？""请你继续说，我认为你说得很在理。"或"我对此也十分感兴趣。"

这是在暗示对方：对于你提出的话题，我十分感兴趣，可以继续谈下去。对方看到这种情形，先前的犹豫会因为你的肯定而消失。

2. 体会对方的心理感受

交谈过程中，很可能谈到某些令人气愤的事情，对方的情绪波动会很大，借此机会，可以用体谅性语言巧妙地插入别人的谈话。

可以这样说："我能体会你的心情，遇到这样的事，我和你一样激动。""你似乎觉得有些心烦。"或"你心里一定很难受吧？"等等。

如此一来，对方就会对你产生"相识恨晚"的感觉，自然而然地拉近彼此之间的距离。

值得注意的是，交谈过程中，不要对对方所谈内容妄下结论，也不要说一些片面性的话，诸如"你是对的""他怎么可以这样做"之类的话。你的目的是融入对方的谈话，没有必要评定对方的对错，更不要趁机阿谀奉承。

3. 做好翻译工作

与语言表达能力弱的人交谈时，让对方表达清楚自己的意思是至关重要的。有时，对方可能因为急于让你知道某些事情，在言语上会出现歧义的现象。这时，你应该仔细领会对方想表达的意思，说出对方想说的话。

可以这样说，"你是说……""你的意思是……"或"你大概想这样表达吧！"

这样一来，会减少对方的心理压力。对方也会认为你善解人意，对你产生好感，从而拉近双方的距离，增进彼此间的友谊，达到交往的目的。

在插入对方谈话时，以上三种方法有一个共同点，那就是对对方的谈话不妄加评判，不将个人想法转嫁到别人的思想意识中，保持中庸。不过，有时在非语言传递信息中，你可以表达一下自己的立场，但要注意使用语句这条规则。违背了这一规则，就会陷入沟通的误区，产生不良后果。

要想插入别人的谈话，就必须找准时机"有的放矢"，关键时刻"力挽狂澜"。只有这样，才能达到交流的目的。

把话说到点子上

与人交谈时，如果只知道对方的观点和态度，而不知道对方这样做的原因，同样达不到目的。有这样一个笑话：

某青年见同伴唉声叹气，抱怨生活郁闷、活着无聊。他问："你这是怎么了？"

"唉，你知道，我特别爱那个姑娘。我恨不得把自己的心给她，可她居然拒绝了我对她的爱。"

"拒绝了？咳！你别当真！更不要气馁。有志者事竟成，发扬坚持不懈的精神嘛！要知道，女人对男人说'不'，常常意味着'是'。所以，你又何必当真？"

"可她并没有对我说'不'呀，而是轻蔑地对我说'呸'！"

这下子，青年傻眼了。他不知对方心结，怎可随意"支招"？

了解别人的"心结"所在，不仅需要获得对方的反馈信息，还得准确地定位对方做出某种反应的原因及含义。否则，双方的交流就无从谈起。有的放矢，这一点在说服中尤其重要。

李萍是一家工厂人力资源部的主管，在这方面，她有深刻的体会。有一件事让她记忆犹新。

为了工厂的可持续发展，厂领导决定重新安排在岗人员。有一位女职工因此而闹情绪，说厂长有意整人，还要求厂长立即给她办病休手续，要吃劳保。对于厂长的解释，她一句也听不进去。这天，她又来找厂长闹，李萍叫住了她："大姐，咱姐妹关系不错，来，到我那儿唠两句。"

这位女士一落座，就报怨这报怨那，只有一个中心意思：此次岗位调动，是厂长有意整她。等她说完了，李萍才明白她的心结所在，李萍说："大姐啊，厂长初来乍到，和咱无冤无仇，咋会整你呢？这次精简，机关下去20多人，你们传达室也下去了三个人，不止你一个。这真不是厂长的意思。要说呢，这些年你在传达室工作轻车熟路，乍一下到车间劳动，肯定不适应。可话又说回来了，也不是只累咱一个。就说新厂长吧，50多岁了，比你还大几岁，不也照样下车间吗？再说，精简后，传达室现在是两个人干五个人的活儿，肯定也不像以前那么轻松。你说是不？咱下到车间后，干活虽然累点，可是，多干多得，工资可是比以前提高了很多呀！"

李萍一边说，一边观察那位女士的脸，已经阴转多云了，见她正在思忖，李萍又继续说道："大姐啊，你一时生气，要吃劳保可亏大了！你今年48岁，差两年就要退休了。如果你现在吃劳保，那退休后的工资只能拿70%，你不就吃大亏了？你想想，辛苦了大半辈子，就因为这件事情而搞砸了？常言道，'编筐编篓，重在收口'。如今，你站好最后一班岗，给大家留个好想头儿，自己也不吃亏！你觉得是不是这个理？"

没想到，这话还真管事儿，那位女士马上多云转晴了。她拉住李萍的手，激动地说："你算把你傻大姐给说醒了！我这最后一步差点走错了！我听你的，明天就下车间！"第二天，她果然穿上工作服下了车间，而且毫无抱怨。

当局者迷，旁观者清。一定要弄清对方在"事中迷"的真正原因，然后再对症下药，以理攻心。只有这样，才能做到"一番话说笑了苦恼人"，让事情出现转机。

1948 年冬季，平津战役中，为保护历史名城北平免遭战火，中国共产党与傅作义将军进行和谈，劝其弃暗投明。但考虑到各方面原因，傅作义一直没有下决心。傅作义将军手下的少将参议刘存同老先生，受中国共产党地下党的委托，出面做说服工作。

刘老先生着眼于傅先生的前途，语重心长地劝道："宜生，是当机立断的时候了，一定要顺应人心，和平谈判，万万不可自我毁灭，万万不可。"当时，傅作义很清楚眼前的局势，但他主要的顾虑在于是否会戴上叛逆的帽子。

于是，刘老先生对症下药，因势利导，给他讲了我国历史上商汤攻桀、武王伐纣的故事。他说："汤与武王是桀、纣的重臣，后人不但不称汤与武王是叛逆，反而赞美他们深明大义。忠，应该忠于人民，而非忠于一人。目前，由于连年饱受战争之苦，人民希望和平。如果你能顺应人心，倡导和平，天下人会箪食壶浆来欢迎你，谁还会说你是叛逆？"刘老先生这样设身处地为他着想，以情开路、以理攻心，终于促成了和平谈判，为顺利解放北平做好了准备。

说服教育的前提是自觉自愿。用心相容、对症分析的过程，恰恰是启迪和实现这种自觉自愿的过程。 不论说服什么人，都要以心相容，将自己的观点和意图逐渐融入对方的思想中，方能最终见效。

将语言表达变得多姿多彩

擅长说话的人，总是能流利地阐释自己的意愿，也能把道理讲得比较透彻、动听，使别人很乐意接受。 甚至可以从谈话中立刻判断出对方的意图，或从对方的谈话中寻求启示，而且，还能通过谈话，加深彼此之间的了解，建立友好的关系。

一些不擅长讲话的人碰到的情形则刚好相反。 他们说话不能完整地表达出自己的意图，往往让对方费神去听，却又不能使别人明白他们所说的话的意思，这就使交流出现了障碍。

有事情要和别人说，或有事情需要别人合作的时候，说话流利的人总是很容易做到。 不欢而散是不会说话的人的必然结果。

首先，发音要正确。 对于每一个字，发音都必须准确、清楚。 准确、清楚的发音，可以通过平时的练习、与别人谈话、朗读书报、多听广播来达到。

其次，说话的时候，要使每一句话都明白易懂，避免使用专业术语。 别以为用了这些词汇，就显得自己有学问。 其实，如此讲话不但让人听不懂，而且会弄巧成拙，引起别人对你的误解和疑虑，甚至产生反感。

良好的交际语言，应该通过大方、熟练和生动的语言来表达你的意思，让你的话有声有色、扣人心弦。

说话的速度不宜太快，也不宜太慢。 快速的说话不但让对方反应不过来，而且自己也容易疲倦。 当然，说话太慢也是不可取的，这会让人觉得你做事不利索。

"信口开河""放连珠炮"都是不好的说话方式。 "信口开河"并非表示你很会说话。 恰好相反，却证明你说话缺乏诚意，不真实不负责任。 描述一件事或一个人，必须恰到好处。别以为夸大其词可以收到预期的效果，那只会适得其反。 至于说话像"放连珠炮"，只会使人厌烦，因为，在公共场合说话，你要顾及周围的安宁，声音不要太大。 反之，如果你要公开演讲，就要注意自己说话的声音是否每一个人都能听得到。

把文字、句子组合起来变成的声音就是说话。 "话"的实体还是词语本身，运用词语有以下几个原则：

1. 说话越简洁越好

有些人为了展示自己的才干，极力修饰语句，或用重复的形容词，或用西方语言特有的修饰手法，或穿插一些歇后语、俏皮话，甚至引用经典、名人语录。 用了许多华丽的字眼，也不一定能达到应有的效果，反而令人觉得不踏实。 假如你不认真地听他讲话，还真不知道他在说些什么。

有些人在说话时，东拉西扯、缺少语言组织和系统性，也使人听不明白。

假如你说话有上述特点，只要在说话时注意说得简明扼要就行了。 在话未出口时，先在脑子里构思一个轮廓，再按照先后次序表达。

2. 词汇不要重复使用

一句"为什么"足矣，而有些人却要说"为什么？ 为什么？ "答应别人一件事，说一两个"好"就足够了，但有些人却说"好好好好……"，或者说"再见再见再见"。

重复的词汇，在加强语气时可以用，平时不能乱用。

3. 同样的名词不可太多

某人在解释月球上不可能有生命这个问题时，在几分钟内，把"从科学的观点上说"这句话用了二三十次。 无论是多么显示才华或新颖的词，词汇的价值都会因重复而贬值。

第一次把女人比喻为花的人是机智的，但第二次再用它的人就是愚蠢的了。 我们当然不必拘泥于上面所说的，每说一事都要创造一个新名词，但重复或纠结于单一的语言，会使人厌倦。

一位幼儿园老师在讲故事时，说到某公主，她说："这公主是很美丽的。"说到太阳，她也说："这太阳是很美丽的。"此外，说到水池、小羊、草地、高山，也都用"很美丽的"。 结果，小朋友们问她："老师，到底哪一个是最美丽的？ "她为什么不用"可爱的""柔嫩的""明亮的"等词句来调和一下呢？ 这样一来，效果就会好得多。

4. 不说粗俗的字眼

古谚道："字为文章的衣冠。"现在我们说："言语为个人学问和品德的衣冠。"相信这没有什么不妥吧！

有些人表里不一，外强中干，不开口还好，一开口就满口粗俗话，特别低俗，使人作呕，刚才的敬慕之心，也会顿然消失。

你可以用幽默有趣的话来表现你的聪明、活泼和风趣，但应尽量避免不雅言论。 一句不中听的话，会使别人觉得你卑劣、轻佻和无知。

和粗俗话一样，深奥的学术语也不可用得太多，除非你是一个学者，正在讨论学术问题。 满口新名词，即使使用得当，也不太好。

如果滥用学术用语，听众就会不知你想表达什么，并因此而以为你有意在他面前夸耀自己的才华。 如果是内行人，则会觉得你很浅薄。

不知对方的文化程度时，用什么字眼都要小心。 有些人不顾对方懂不懂，就随便在话中夹入外国语和外来语，以后应尽量避免。

提高交谈效率的方法

怎样成功地和人说话，如何使交谈产生更高的效率，建议你采取以下方法：

1. 选择恰当的时机地点

保证交谈时间充足、选择一个不受他人打扰的谈话地点，这是交谈必备的两个首要条件。 不同内容和性质的谈话应当选择不同的时机场合，当你们闲谈时，轻松愉快的环境是必须具备的条件。

2. 明确自己交谈的目的

你如果一点儿都不知道谈话的内容，就不可能很好地参与交谈。 你不仅要了解将要交谈的主题，还要了解交谈的性质，预期的目的，即它是理论性的还是实用性的，最终结果是要达到怎样的目标。

3. 选择合适的人选

当你与他人交谈时，不要和所有人什么都说。 有些谈话必须要求交谈者具有共同的兴趣和条件、共同的性格，志同道合。 如果你明知某人对将要谈论的话题持反对意见，那么最好别让他参加。 明智地与合适的人员交谈，对整个交谈的效果具有重要意义。

4. 避免毫无意义的讨论

在我们的生活和工作中，无须讨论所有的事情，并非任何话题都可以拿出来讨论。 某些情况下，因为个人的性格、兴趣和偏好不同，理解上也会存在差异。 如果这时去讨论，一定没有任何结果也毫无意义，这样做，只能是浪费时间。

5. 给别人讲话的机会

在日常生活中，我们可能都碰到过这种情况：当甲在说话时，乙似乎全神贯注地听着，而事实上，他只是礼节性地等着甲讲完后将自己脑子里的东西倒出来。 他根本不在乎甲所讲的内容。 反过来，甲也是如此。 这种情况下的交谈毫无意义，它只是给各方提供了一个说话的对象和机会而已。 这种现象在交谈中应该避免，要给别人讲话的机会，并认真去听，真正达到交流的目的。

6. 避免跑题

在交谈中听到提问时，应该首先弄清问题，再依理解回答。 有些人把别人的提问当成让自己说话的一种信号。 于是，当他听到提问时，想什么就说什么，完全不考虑场合的要求。 其实，当你听到提问时，并不需要立刻作答，应该首先弄清他人提问的内容和意图，然后再根据自己的知识和判断做出回答。 离题的回答是不起作用的。

7. 提问要清楚明白

当你问别人问题时，应该尽可能将问题提得明确易懂，不要做一个懒惰的提问者，也不要以为自己什么都懂，就设想自己以任何简单的方式提出来，都会让他人明白。 不要接二连三地提问，所提问题不能毫无联系，也不能对别人的回答无动于衷。 否则，这种提问方式就不是交谈，而只是某种形式。 当然，也许你并不期望他人做出任何实质性的答复。 对象不同，你就要考虑不同的提问方式。

8. 不要打扰他人讲话

不能在别人的话还没说完时，就将自己的话题接上去，然后，使劲地把自己脑子里的东西全部倾出。 如果你不尊重他人讲话，就会受到同等对待。 因此，给别人留有余地，其实是在为自己着想。

9.尊重交谈对象

当你听别人讲话时，不要无礼地与他人交头接耳。 和他人谈话时，你说话的声调和方式都应该保持有礼有节。 同时，不要过于拘谨，否则，会使你的表达受阻。 假如你知道自己某些话非说不可，但有可能伤害别人，那就应该注意方式，以避免伤害他人。 如果有些话必须说，而且必须此刻说，那就大胆直言。

第九章

高效谈判，在和谐的气氛下争取最大利益

掌握谈判的主动权

谈判中，要学会发问，以详细了解对方的需要和疑虑。 谈判，就是要了解对方真实的需要，通过不断的协商，寻求解决办法。 无论是对方个人的需要，还是他们所代表的团体的需要，这些都将对成功起到重要作用。 因此，你必须利用各种渠道，获得多种信息，才能真正了解对方在想些什么、谋求些什么。

提问是谈判中必不可少的组成部分。 边听边问既可以引起对方的注意，为他的思考提供既定的方向，也可以得到自己之前不了解的信息，还可以传达自己的感受，引起对方的思考，甚至可以控制谈判的方向，促使谈判产生一定结果。

谈判中的提问形式有以下几种：

1.限制型提问

提问者在发问时，有意识地把对方的答话控制在有利于自己的范围内，使对方很难对提问表示拒绝或不接受，这就是限制型提问。

进行限制型提问时，提问者要注意不要把问题的范围限制得过小、过死，要让对方能够接受。 如果过死，对方不仅不接受，甚至会起到反作用。

2. 婉转型提问

提问者在考虑场合的情况下，以比较委婉的语气和方法发问。由于对对方的情况还不了解，所以先虚设一问，投一颗"问路的石子"，既能预防因对方拒绝而产生尴尬，又能探出对方的虚实，达到提问的目的。

例如，谈判者非常想把自己的产品推销出去，然而，他既不了解对方，也不好直接问对方要不要。于是，他试探地问："你觉得这种产品怎么样？你能评价一下吗？"如果对方有意，他会接受；如果对方不满意，即使对方拒绝也不难堪。

3. 攻击型提问

当谈判双方发生分歧，由于某种原因要表现得强硬些，或者要故意激起对方的某种情绪时，可以使用攻击型提问。但是，如果这种方式处理不好，容易造成双方更加严厉的争论。如："我倒是想问你一句，你是抱着什么目的才这么说的？""如果我们不想接受你们的建议，你们会怎么办？"……

攻击型提问所表示出的不友好的态度，决定了它不能在谈判中任意使用。只有在谈判对方瞻前顾后、犹豫不决的情况下，偶尔使用，否则，反而会让对方更坚决。

4. 协商型提问

当你想让对方接受你的建议时，应该尽量用商量的口吻向对方提问，如："你看这样写是否妥当？"这种提问，对方比较容易接受。而且，即使对方没有接受你的条件，谈判的气氛也仍能保持融洽，仍有可能促成双方的合作。

另外，谈判中何时提出问题也要讲究技巧。谈判中适时的提问，是掌握谈判进程，争取主动的一个机会。一般来说，提问有以下几种时机：

1. 在对方发言完毕后提问

认真倾听对方的发言，不要急于提问。因为打断别人的发言是不礼貌的，容易引起别人反感。即使你发现了对方的问题，也不应该贸然打断对方，可以先把想到的问题记下来，等对方发言完毕再提问。这样便可以全面地、完整地了解对方的观点和意图，避免曲解对方的意图。

2. 在对方发言停顿、间歇时提问

谈判中，若你发现对方发言不得要领，或纠缠于细节，或离题太远影响谈判进程。那么，你可以借他停顿、间歇时提问。例如，你可以趁对方间歇时发问："您的意思是……细节问题我们先放一放，先谈谈主要观点，好吗？""……第一个问题我们听懂了，那第二个问题呢？"

3. 在自己发言前后提问

谈判中，在自己发言之前，对对方的发言提出设问。这个时候，不必请对方回答问题，主要是自问自答。这样一来，可以争取主动，例如："对您刚刚提出的问题，我的理解是……""对这个问题，我谈几点看法……""价格问题，您讲得很清楚，但质量怎么样呢？""我先谈一谈我们的看法，稍后再请您谈。"

自己的观点阐述完后，为了将谈判引导到自己的思路上，牵着对方的鼻子走，往往要进一步提出要求，让对方加以回

答。 例如： "我们的基本立场和观点就是这些，现在我们想听听您的看法。" "我们对产品的质量要求就是这样，请问贵公司能否达到我们的要求呢？"

4. 在议程规定的辩论时间提问

大型谈判前，双方往往会先定好流程，设定辩论的时间。在双方各自介绍情况、阐述观点的时间里，一般不进行辩论，也不向对方提问。 但在辩论期间，双方可就任何问题辩论。

在这种情况下提问，要做到"知己知彼，百战不殆"。 可以先考虑对方有可能给出的答案，对这些答案考虑好己方的对策，然后再提问。

5. 在对方情绪好时提问

提问时，要照顾对方的情绪。 有些人高兴起来一掷千金，反之，则一毛不拔。 显然，因为情绪的不同，人们对同一件事可能会做出截然不同的反应。

因此，谈判中，要随时留心对手的心境，在你认为适当的时候，提出相应的问题。

例如，对方心情好时，常常会轻易满足你的要求，还会变得粗心大意，放松警惕。 此时，如果你抓住机会，提出问题，通常会有所收获。

如果在谈判时贸然提出问题，对所提问题本身没有进行充分的思考，仅凭一时冲动脱口而出，这种提问通常会漏洞百出，甚至对方都搞不清楚你的问题。 结果，问题没有提成，反而留下笑柄，使自己难堪。

还有一种情况：一些人提问后往往急不可耐地等待对方的

回答。 更有甚者， 还催促对方尽快回答。 这是不尊重对方的表现， 肯定会引起对方的反感。 受这种急切心情的影响， 提问者也可能会犯错误， 从而失去谈判中应有的审慎态度。 因此， 谈判者在提问后应该给对方足够的时间答复。 同时， 自己也利用这段时间设想一下对方可能的答复或思考下一步的行动。

谈判时， 应该尽量从一个角度进行提问。 谈判中， 双方都有各种各样的问题。 同时， 不同的问题之间往往存在内在联系。 因此， 提问者应该考虑不同问题的内在逻辑关系。 不要正在谈这个问题， 忽然又提一个与此无关的问题， 使对方感到无所适从。 同时， 这种跳跃式的提问方式会让谈判对方感到很凌乱， 没办法理出头绪。 这样， 你提出的问题， 当然让对方没法回答。 可以说， 提问充分显示了一个人的口才水平。

回答的水平决定人的谈判能力

关于谈判的回答技巧， 要注意以下几点：

1. 不要确切回答对方的提问

回答时， 没有必要面面俱到， 要留出自己的后路。 在对方追问时， 不要过早地暴露你的实力， 通常可以先说明一件类似的情况， 再转回正题， 也可以适当地使用反问抛回问题。

2. 不要彻底回答所提问题

对涉及面广而深的问题，要尽量缩小问题范围，或者对回答的前提加以修饰和说明。

3. 减少问话者追问的兴致和机会

回答时，应尽量避免出现漏洞，一旦被问话者抓住，往往会刨根问底。所以，回答问题时，要特别注意不要让对方抓住某一点继续发问。为了达到同样的效果，可以想办法转移话题。

4. 让自己获得充分的思考时间

回答问题时，不可操之过急，应该先认真仔细地推敲问题。想做到这一点，就要给自己充分思考的时间。

通常，应答的巧妙与否与思考时间的长短成正比。正因为如此，有些提问者会不断地催问，迫使你在对问题没有进行充分思考的情况下仓促作答。遇到这种情况时，首先要保持清醒的头脑，你不必顾忌谈判对手的催问；相反，你可以巧妙地告诉对方你需要时间思考。

5. 不轻易作答

当你觉得问话者在有意摸清底细时，对这一类问题一定要清楚地了解对方的用意，然后再作答。否则，随意作答，会让自己处于被动状态。

6. 有些问题不值得回答

提问者希望答话者回答自己所提出的所有问题，但这并不等于答话者必须回答对方所提的每一个问题。 尤其是遇到没有意义的问题时，答话者可以礼貌地加以拒绝。

7. 找借口拖延答复

当答话者无法或不愿作答时，可借口资料不全或需要请示进行拖延。 当然，拖延时间只是缓兵之计，并不能逃避对方的提问。 因此，答话者仍要进一步思考如何回答问题。

8. 将错就错

有时，提问者可能会误解答复。 不过，当这种理解有利于你时，你不必去更正对方的理解，而应该将错就错、借机诱导。 谈判中，经常会出现误解对方意思的情况。 一般情况下，这不利于谈判双方的信息交流与沟通协商，因而有必要予以更正、解释。 但是，在特定情况下，即可以为谈判中的己方带来好处时，可以采取将错就错的策略。

总之，谈判中的应答重点不在于回答对方的"对"或"错"，而在于应该说什么、如何说和不应该说什么、如何应对紧急状况。

善用心理战术

以下是心理战术的关键几点：

1. 因大失小

知己知彼是成为一名出色谈判者的首要条件，谈判过程中应当时刻铭记谈判的主要目的。你可以先把一些次要的问题渲染成很重要的问题，而且主动吃一些亏。此时，对方可能会沾沾自喜，而你也要表现出十分勉强、不得不为的懊悔之情，以满足对方的虚荣心，麻痹对方在关键点上的关注力。

让他们感觉到自己是占上风的，他们反而乐意做一些让步，以显示自己的气度，从而使你达到谈判的主要目的。

2. 把握感情用事的机会

谈判就是一场决出胜负的比赛。事实上，这是谈判双方个人机智的较量，谁先沉不住气，便注定会失败。对方一旦出现急躁情绪，说明他已经失去一些自我控制了。这时，你可以伺机行动，掌握主动权，使谈判的天平向己方倾斜。

3. 让对方站在自己的立场上考虑一下

谈判的双方都本着双赢目标前进。先告诉对方你的让步，并力争夸大让步，表现出你非常关注对方的盈利。然后，再一步步地表达己方的为难之处，让对方一一照顾。这样一来，对方便可能在不知不觉之间做出一定程度的让步，而且，多半会提出对己方较为有利的条件。

4. 适时的直率

在谈判陷入僵局或者濒临破裂的边沿时，适时说几句直率的肺腑之言。比如："这个合同对我来说非常重要，我必须成功地达成这次合作。"或者"你也看得出来，我真的想让我们双方都满意。""我十分想长期合作，您的条件能不能有所变通？"殊不知，适时地坦诚而谈，不但会使谈判重新明朗，而且会让双方以诚相待。 同时，谈判僵局也会慢慢有所缓解，本来似乎不可能成交的局面，也会变得很有希望。

说服是谈判过程中的艰巨任务

谈判犹如两军对阵，双方的地位是相对的，你的说服将随时遭到各种有形与无形的抗拒。 除非你有百分之百的把握消除这些抗拒，否则，你不但无法收到说服的效果，反而有可能被对方说服。

说服的技巧往往是多种方法、多种策略的综合应用。

1. 在潜移默化中说服对方

杜甫有诗云："好雨知时节，当春乃发生。 随风潜入夜，润物细无声。"要想说服对方，你的言辞必须像春风化雨一样，不能让对方觉察。 一旦对方觉察到你在试图说服他，就马上会进入警戒状态，使你徒劳无功。

2. 要首先满足对方的基本需要

满足对方最基本的要求是谈判的关键。 如果对方的需要得不到满足，你纵然有三头六臂、使出三十六计，也无法使对方心悦诚服。

3.要权衡利弊得失

为了使谈判成功，让对方接受你的意见，你必须抱着诚恳的态度，与其交谈应充分考虑和分析你的提议可能导致的影响：被劝说的人一旦接受你的意见，将会有什么样的利弊得失？ 你为什么要以他为劝说对象？ 假如你能说服他接受你的意见，对自己有什么益处？

4.简化接纳手续

为了使被劝说的对象接纳你的提议，并避免中途变卦，你应当尽量简化不必要的手续，让它变得简单易行。 例如，在需要签书面协议的场合，你可以事先准备好草案，告诉被说服者"你只需在这份原则性的协议书草案上签名即可，至于正式的协议书，我会在一星期内准备妥当，到时再送到贵公司供你仔细斟酌"。 这样一来，一般都能得到对方肯定的答复，从而避免出现不必要的波折。

5.先易后难，先好后坏

先谈容易达成协议的问题，在此基础上过渡到难题。 当有好、坏两种信息都需要传递时，则应先传递前者，再传递后者。

6.强调一致，先人后己

立场一致会让对方觉得比较可靠，从而有利于提高对手的认识程度与接纳程度。 最令对手记忆深刻的信息，是既能引起他的兴趣，又能让他达到目的的信息。 同时，还应注意当一种问题的正反两面都被讨论时，要学会静观其变，不要急于表达，好恶最好等到最后时刻提出来。

7. 重视开头与结尾

通常来说，人们对发言的开场白和结束语比对中间的话语的记忆更加牢固。因此，一定要交代清楚交谈的结果，不能让对手掌握下结论的主动权。

在谈判过程中，多数对手都是比较理智、明白事理的，但也会遇到固执己见、难以说服的对手。对于后一种，常常会让人比较头疼，左右为难。其实，这种人在很大程度上是性格所致，只要采取适宜的说服方法，晓之以理、动之以情，对方就会认真考虑你的意见。

学会在谈判中传递拒绝

谈判中，切忌直接否定对方，即使由于对方的坚持，使谈判陷入僵局。需要表明自己的立场时，不要指责对方，你可以说："在目前的情况下，我们能做到的只有这些，剩下的无能为力了。"

在这个时候，你想继续谈判就要做出让步。你可以这样说："我认为，如果我们能妥善解决那个问题，那么，这个问题就不会有太大麻烦。"如此一来，既维护了自己的立场，又暗示有变通的可能。并且，要细究语言上的细节，用"我""我们"代替"你""你们"。

有位长年从事房地产交易的人说，生意能否谈成，可以从顾客看完房屋后打来的电话上得知大概。 大部分看完房屋的顾客，最后会说："我们再想想，电话联系吧。"从电话的语气中，可以明了顾客的心意。 若是有希望的回答，语气一般会比较随意自然；反之，一开始就想拒绝的顾客，一般都会十分恭敬、客气。 根据多年的经验，这位房地产经营老手能够轻易判断交易是否有可能成功。

所以，当你想拒绝对方，却不知道如何开口时，可以尝试使用敬语，使对方产生"可能被拒绝"的预感，让对方做好"被拒绝"的心理准备。

谈判中表达拒绝，一定要有策略。 婉转地拒绝，对方会心服口服。 相反，生硬地拒绝，对方则会产生不满，甚至怀恨、仇视你。 所以，一定要记住：拒绝对方，一定要以不伤害对方为前提。 要让对方明白，你的拒绝是迫于无奈，并且感到很抱歉、很遗憾，从而使他坦然地接受你的拒绝。

在购买东西时，很多人都曾经遇到过"穷追不舍"的卖方，大部分人往往不知如何拒绝。 一位太太是这样拒绝卖方的："不知道这种颜色合不合我先生的意？"还有一位少妇是这样拒绝的："要是我母亲，我选我喜欢的就行了，但这是送给婆婆的呀，送她这个，不知她会不会满意？"

显然，上面这些推谢之辞都很委婉，非常笼统。 用这种笼统的方法拒绝对方，当然比直接说出对对方货物的不满意要好得多。 总之，谈判中，是否会说"不"字，效果是大相径庭的。

谈判中，当你必须拒绝某事而又不愿伤害对方的感情时，应当想一些较好的借口。

例如："对不起，这件事不是我一个人能决定的，我必须与其他人商量一下。""等我向领导汇报后再答复你吧。""我们先将这个问题放在一边，先讨论其他问题吧。"

这种办法，虽然可以摆脱窘境，既不伤害对方的感情，又使对方知道你有难处，但是，总显得有点儿不那么干脆，只能暂时应付一下，过段时间肯定会再次提到。总有一天，对方会发觉这就是你的拒绝，明白你以前所有的话都是托词，那么，后果可能会更糟糕。所以，有时不如干脆一点、坦白一点，可以省去以后不必要的麻烦。

良好的气氛易于沟通

谈判气氛多种多样。有的谈判气氛十分热烈、积极、友好，谈判者都以诚恳的、谦让的态度参加；有的谈判气氛很冷淡、紧张，双方都抱着寸土必夺、寸利必争的态度参加谈判。不过，更多的谈判气氛则介于上述两个极端之间：热中有冷、快中有慢，对立当中存在友好，严肃当中包含轻松。

在良好的气氛中，双方相对容易沟通，便于协商，所以，谈判人员都愿意在一个良好的气氛中进行谈判。如果谈判一开始，双方就火药味十足，甚至不愿意在一张桌子上谈论，那么便会导致整场谈判非常难熬。根据互惠谈判模式的要求，洽谈双方应当共同努力，以寻求互利互惠的最佳结果。这种方式的谈判，需要洽谈之初就做好各方面的准备。所以，首先要营造一种合作的气氛，然后，制造一个顺利的开端，有利于后面和谐的洽谈。

当然，谈判气氛会随着谈判的进展不断变化，并不仅受开局瞬时的影响。双方见面之前的预先接触，洽谈期间的交流都会对谈判气氛产生影响，但谈判开始瞬间的影响是最为强烈的，它奠定了整场谈判的基调。此后，谈判也不会出现较大的气氛波动。因此，为了创造一个合作的良好气氛，谈判人员应该做到以下几点：

（1）谈判人员应迈着坚定的步伐走入会场，以开诚布公的、友好的态度出现在对方面前，肩膀要放松，让对方在自己的目光中看到自信与真诚。心理学家认为，目光会表现出谈判人员心理上的任何微妙变化。

（2）行动和谈吐要轻松自如，不可烦躁。可以先谈论一些轻松的、非业务性的话题。比如，客气地询问旅途情况、天气情况、私人问题以及以往的共同经历和取得的成功等。这样的开场白，可以使双方找到共同语言而缓解紧张感。实际上，在闲聊中，双方就已经开始彼此了解了。因为，从谈判人员双方的姿势上就可以反映出他们是信心十足还是优柔寡断，是精力充沛还是疲惫不堪等。因此，谈判人员的行动要显得轻松自如，否则，就会先输一招。

（3）谈判人员的服饰一定要符合自己的形象。服饰要美观、大方、整洁，颜色不要太鲜艳，式样不能太奇异，尺码不能太大或太小。虽然各国、各地区的经济发展水平不同，风俗习惯也有差异，服饰方面不能一概而论，但干净、整齐仍是最起码的要求。

（4）不可大意手势和触碰行为。双方见面时，谈判人员应该毫不迟疑地伸右手与对方相握。 握手虽然是一个相当简单的动作，却可以反映出对方是强硬的还是温和的，是鲁莽的还是理智的。

在西方，一个人如果在用右手与对方握手的同时，把左手放在对方的肩膀上，说明此人精力过于充沛或权力欲很强，此时，对方会产生敌对的想法。 同时要注意，无论什么场合，最忌讳的莫过于拉下领带、解开衬衫纽扣、卷起衣袖等动作，因为，这会使人感到你烦躁、无计可施。

（5）谈判开始时，说话者最好站着，小组成员也没有必要围成一个圆圈，最好自然而然地把谈判双方分成若干小组，每个小组分一到两位成员。 总之，谈判气氛对谈判进程是极为重要的，因此，谈判人员要运用各种各样的方式和技巧来活跃气氛。 只有营造一种诚挚、轻松、合作的洽谈气氛，才有可能为谈判赢得好结果。

注重谈判前的寒暄话题

这种谈判看起来似乎没有什么价值和意义。 虽然其本身并不正面表达某种特定的意思，有些人把它叫作非实质性谈判，但是它所产生的效果却会贯穿整个谈判的全过程。 它对谈判双方的思想、情绪和行动都有着相当大的影响。

首先，谈判顺利进行的首要条件是营造友好的、和谐的谈判气氛，寒暄是营造这种气氛的契机。 谈判者主动与对方寒暄，就相当于向对方表示：我坦率地打开心扉，愿意与你建立良好的人际关系。这样做，自然很容易获得对方的好感，消除谈判双方的紧张情绪和敌对戒备心理，双方都会以轻松愉快的心情进入正式谈判。

寒暄不仅可以营造友好和谐的谈判气氛，还可以在谈判之始摸清对方的个性特征，得到有效信息。有这样一个案例：

日本松下电器公司创始人松下幸之助先生"出道"的时候，就曾被对手以寒暄的形式探测到了自己的底细，使松下电器公司蒙受了巨大的损失。

当他第一次去东京找批发商谈判时，刚一见面，对方就假装友善地说道："我们是第一次打交道吧？以前我好像没见过您。"批发商想用寒暄作为托词，探测对手究竟是生意场上的老手还是新手。松下先生缺乏经验，恭敬地回答："我是第一次来东京，什么都不懂，请多多关照。"正是这番极为平常的寒暄答复，使批发商获得了重要信息：看来对方是刚入行的。批发商接着问："你打算以什么价格出卖你的产品？"松下又如实地告知对方："我的产品每件成本是 20 元，我准备卖25 元。"

批发商意识到松下幸之助在东京的处境和急切销售产品的愿望，因此，他趁机杀价："你首次来东京做生意，还不了解这里的行情吧？每件 20 元如何？"松下先生因为没有经验而吃了亏。

究其原因，是那位老练的批发商利用简短的寒暄，在谈判中赢得了主动。而松下先生由于缺乏经验，不能很好地掌控寒暄进程，从而导致了被动与失利。因此，在双方寒暄时，一定要对关键、核心信息保密。

当然，一个有经验的谈判者能通过相互寒暄时的那些应酬话了解对手的背景：他的性格爱好、处事方式、谈判经验、工作作风等，进而找到双方的共同语言，为相互间的心理沟通做好准备，这些都是以更好地谈判为目的的，自然无可厚非。

正是因为认识到对寒暄所起作用，人们更应该着意选择寒暄的话题。

被美国人誉为"销售权威"的霍伊拉先生，就很善于这样做。有一次，他接到去梅依百货联系广告的任务。他事先了解到，这个公司的总经理会驾驶飞机。于是，他在和这位总经理见面互做介绍后，便随意说了一句："您在哪儿学会驾驶飞机的？"一句话触发了总经理的兴致，谈判气氛显得轻松愉快。结果不但广告有了着落，霍伊拉还被邀请去乘坐总经理的私人飞机，而且两人也因此成了好朋友。

学会察言观色

察言观色是谈判中最重要的技巧。

从谈判团周围的人身上取得资料，这对"了解敌情"很有必要。

当这个人与谈判对手非常熟悉时，他所提供的资料尤其具有参考价值，但这也可能是一个陷阱。所以，你必须考虑到下面两种情况：

1. 是否有偏见

资料的提供者本身是否与谈判对手有分歧或偏见？ 而他本身是不是个喜欢夸大其词的人？ 如果是，就不能简单地相信所取资料了。

2. 是不是真实的情报

资料的提供者及谈判对手是否设下陷阱故意暴露一些假情报给你，引诱你误入歧途？ 这也并非不可能。

在谈判前，一定要仔细研究所有己方有的关于对手的资料。 访谈记录和演讲稿所传达的信息是比较直接的，是非常重要的资料。 例如，当你代表员工，将要与公司方面就有关重新制定工资问题进行谈判时，发现该公司董事长在以前的会议中曾提到："我从未受过正规教育，能有今天的成就，完全是我多年来不屈不挠、艰苦奋斗的结果。 现在，公司的经营已经步入正轨，在同行中也属于佼佼者，我感到由衷的高兴。"

这段话中，哪些信息最有价值呢？ 公司的运营状况以及在同行中的地位，可以从企管杂志或有关报道中得知。 但是，对高层的个人资料及经营观念，却很难得知。 有时，这对谈判的结果具有极大的影响。 不过，你现在已经掌握了十分关键的信息——"我从未受过正规教育"。 在劳资双方的谈判中，最容易引起争议的是有关支付体系以及工资的附加给付问题。 而对这些专业性的问题，可以假设，因为董事长学历并不高，所以，他对此了解不多。 在这样的情况下，出面与你交涉的，可能是董事长特别聘来的专家。 那么，你的谈判对手就是这些专家，而非董事长本人了。 只要专家肯接受你的提议，一切就比较容易了。 当然，董事长未受过正规教育不代表他不懂专业性问题，所以，从谈判一开始，你就必须仔细地观察，看具体情况是否如自己所预测的一样。 另外，董事长是个不断奋斗、不向困难低头、历尽千辛万苦才获得成功的人，这种人性格上可能比较固执。 白手起家的人总有一种观念：不能让步，万一让步，自己辛苦建立的基业就会毁于一旦。 所以，你必须准备足够的资料，消除董事长的顾虑，用充足的证据证明，员工的要求不但不会妨碍公司的发展，而且能在公司的建设发展方面提供巨大帮助。

由此可见，倾听是谈判者必不可少的一项基本功。 不仅仅是多听，更要用心去感受，除了听出对手谈话的直接内容，更要听出对方的"弦外之音"。 如果连听都没有听明白，更不要提理解和回答对方问题了。

第十章

优雅辩论，辩明是非的同时不伤和气

逐层分析，各个击破

齐诺芬的《纪念录》中，有一段苏格拉底与欧西德的对话。

欧西德：我生平所做之事，有无"不正"的？

苏格拉底：那么，你能举几个例子吗？

欧西德：能。

苏格拉底：虚伪算什么呢？

欧西德：不正。

苏格拉底：偷盗呢？

欧西德：不正。

苏格拉底：侮辱他人呢？

欧西德：不正。

苏格拉底：偷袭敌人呢？

欧西德：正。

苏格拉底：自相矛盾了吧？

欧西德：不正只可对敌，不可对友。

苏格拉底：假如有一将军见其军队士气颓废，他便欺骗他们说，救兵将到了，他们因此胜利，这是正还是不正？

欧西德：正。

苏格拉底：小孩生病，不肯吃药，父亲骗他说药很甜。小孩因此吃了药保住了命，这是正还是不正？

欧西德：正。

苏格拉底：你说不正只可对敌，不可对友，可现在呢？

欧西德：……

在这里，苏格拉底便抽丝剥茧，一步步说出欧西德逻辑上的错误，最终使对方无言以对，最后使其信服。

生活中，在某些场合，你不妨运用此方法讲明道理，不怕对方不服。

1921 年，美国西方石油公司董事长兼总经理哈默听说苏联实行了新经济政策，鼓励吸收外资，想把生意做到苏联的大市场。他想，目前苏联最需要的是消灭饥荒，要得到大量的粮食，而此时美国正值粮食大丰收之际，大米是每一百斤 35.24 美元。农民宁肯把粮食烧掉，也不愿以这样的低价送往市场出售。苏联盛产毛皮和宝石，这些正是美国市场急需的，如果能交换双方的产品岂不妙哉？哈默打定主意，便来到了苏联。

哈默到达莫斯科的第二天早晨，就被召到列宁的办公室，他们进行了深入的谈话。粮食问题谈完以后，列宁对哈默说：

"先生，你对苏联有兴趣吗？"

哈默听后缄默不语。

由于西方对苏联有偏见，做了许多恶意宣传，许多人因此把苏联看成可怕的怪物。在苏联经商或投资办企业，被视为比登天还难。常言道："众口铄金，积毁销骨。"哈默虽做了大胆的探险者，但对在苏联投资办企业一事还是心存顾虑。

列宁看透了哈默的心事。于是，他讲了实行新经济政策的目的：

"我们实行新的政策，就是要挖掘我们的经济潜能。我们欢迎所有的朋友到这里投资，并给予优惠。我可以保证你们不受损害。"

哈默还是不语。

列宁看出他还是心存疑虑，便继续发动心理攻势："你放心，除此之外我们还为你们提供一切便利条件。"

列宁看出他还不放心，就索性把话说得一清二楚："我们都明白，我们必须说明白，保证我们有利可图，商人不是慈善家，除非觉得可以赚钱，要不然没人会投资了。你说对吧，哈默先生？"

就这样，列宁终于说服了哈默，不久之后，哈默便在苏联投资。

列宁对哈默的不解和疑惑，逐层分析，各个击破，使得哈默解除疑虑，最终在苏联投资。

用这种方法，首先，你要明白"剥茧"的最终目的是什么，尔后便不能偏离它。也就是说，你每一步都是为最后的目的服务的，无关紧要的话不说。其次，在"剥"的过程中要有层次，即要循序渐进，前后相继，中间不能有脱节，否则就给人一种勉强的感觉。

利用感情情绪感染听众

辩论者直接面对的是对手和听众，利用感情情绪影响对方、感染听众，往往会起到令人意想不到的效果。利用感情情绪有诸多手段，或慷慨激昂，以壮声色；或和风细雨，以情喻理；或义正词严，以正压邪；或稳如泰山，以静制动；或声色俱厉，以威震慑。抑扬顿挫的音调，恰当变化的节奏，适时调整的表情，都能起到情绪感染的良好作用。只要平时在辩论过程中时时留心，注意培养，你就能掌握这一手段。

辩论中的感情表现有以下几种方式：

1.声情并茂

1974 年，中国刚进入联合国不久，随着中国在世界上政治地位的日益提高，有的大国敌视，有的小国不安。针对这种问题，邓小平在联合国第六届特别会议上，庄严地向世界宣布：中国不做超级大国，现在不做，将来也永远不做。邓小平的讲话，赢得第三世界国家普遍的同情和支持，使中国获得了极高的国际威望。

邓小平的讲话，内容固然重要，而他饱满的政治激情和庄重练达的政治家风度，也为他的讲话增色不少，起到了强烈的感染听众的作用。

2.和声细语

辩论的情绪感染，不能总是千篇一律的剑拔弩张，火药味十足，要因人因地而异，对象不同，情感色彩也要不同，境况变化，情感色彩也要随之变化。同志、朋友、亲人之间也时常发生辩论，这种辩论应当在亲切、友好、融洽的气氛中以商讨的口气进行，应避免伤害彼此间感情的唇枪舌剑。

1955 年亚非国家在万隆举行会议，与会代表团从各自利益出发互相驳斥，久久不能达成协议。周恩来总理针对这种情况，迅速整理自己的思路，以委婉的语气在大会上侃侃而谈。

他说："我们不是来争吵的，我们是来求同的，既然我们有许多共同语言，我们何不就我们共同的地方取得一致意见，而保留我们各自的分歧呢？"他高屋建瓴的思想境界深深折服了与会代表，他和风细雨的语言，温润地浇开了大家心中共同的壁垒。 与会代表求同存异，很快就共同的利益达成了一致意见。周恩来总理也由此以杰出的外交家和政治家而享誉海外。

3. 怒形于外

辩论中，辩论双方表现出各种不同的气度。 既有礼尚往来的大家气度，如齐宣王辩不过孟子，只好顾左右而言他；又有在刀光剑影中夹杂的猛士风度。 这时论辩者的感情色彩更为重要。 如唐雎与秦王之辩，如果唐雎不以死相威胁，没有愤怒地按剑而起，秦王是无论如何都不会屈服的，唐雎的情感色彩在他和秦王论辩的胜利中起了决定性的作用。

20 世纪 60 年代初，彭真率中国代表团参加匈牙利共产党代表大会。 会上，受苏联指使的各国共产党，争相发言，展开了对中国共产党的指责、谩骂和攻击。 各国代表攻击了中国四个小时。 轮到中国代表发言，彭真昂然走向讲台，不用讲稿，义正词严地讲道："按照兄弟党平等的原则，你们讲了四个小时，我也要讲四个小时，一分钟不多，一分钟也不能少。"他严正申明了中国共产党历来的立场，回击了各国代表对中国的攻击和污蔑，使正义得到伸张，国威得以维护，连苏联代表也对彭真暗加赞赏。

愤怒，并不总是不利的，关键在于我们是否能控制并理智地运用它，变不利为有利。

4. 情绪感染

情绪感染如果运用得当，可以充分打动主持人、评委、听众甚至对方，使他们在心理上与自己趋同。辩论者的情绪感染，应该以对等为基础，不能把情绪感染变成气势相压。尤其在现在的规则性论辩中更应如此。

除了要注意感情表达外，在辩论中还要把握好以下两点：

（1）以理服人。辩论就是辩论双方极力维护己方观点，击退对方思想。辩论的过程，就是摆事实讲道理的过程。辩论要获得成功，要言之成理，以理服人是重要的原则。人们在长期的语言实践中总结出充足理由律。充足理由律必须具备两点，这也是辩论说理的先决条件，一是理由要真实；二是理由和论断之间要有必然的逻辑联系，前者必须是后者的充分条件，从理由的真实必然地推出论断的真实。推断的论据要充分，论证要严密。而且整个论证过程要言诚理真，以理服人。

①利害要明。春秋时"烛之武退秦师"一事就是烛之武向秦穆公晓以利害，使秦穆公听了他的一番道理，心悦诚服，于是私下和郑国订立盟约，撤兵而去。

烛之武游说成功的原因，就是他透彻地向秦穆公阐述了秦郑两国利害相连的关系。郑亡，晋得利而强。晋强秦弱，晋又将有图秦之举。这样，秦军助晋亡郑就是自取其祸了。烛之武并没有直言让秦穆公撤军，在以充足的理由把利害说得明明白白之后，一句"唯君图之"，决断权就交给了秦穆公。利害既明，其行自顺，秦军扬长而去，秦晋联盟破裂，郑国转危为安。可见强秦并不可怕，只要抓住其弱点，晓以利害，不难说服。

②是非要清。辩论双方各执一词，公说公有理，婆说婆有

理，但道理总是有错有对，没有正确就显不出错误，不指出错误就辨不出正确。辩论者在辩论过程中，一定要抓住要害，说明自己正确的地方，表明他人错误的所在，把正确和错误确凿地摆在对方的面前，使对方能够明辨是非。是非一明，对方自然会接受你方的正确观点。

战国时，李斯谏秦王逐客成功的原因，就是李斯以无可辩驳的事实证明了逐客就是否定客卿为秦立下的不朽之功，就是把兵器借给敌寇和送粮给强盗，秦国不可避免地就会出现危机。论据充分，论证严密，深中肯綮，明辨是非，使秦王恍然大悟，收回成命，最后，取消了逐客令，恢复了李斯的官职。可见要想让秦王收回逐客令，关键是要让他弄清是非。

③明辨真相。维护真理，揭露伪饰，坚持事实，明辨真相，是辩论应坚持的重要原则，不仅适用于对敌斗争，也适用于法庭辩护。我们用以下事例来说明这个问题。

审判林彪、江青反革命集团主犯时，江青企图以她特殊的身份来把她的反革命罪行掩盖。她说："逮捕审判我，就是丑化毛泽东。"公诉人江华用事实驳斥了江青的狡辩：1974 年 7 月 14 日，毛泽东主席在中共中央政治局会上说："她（江青）不代表我，她代表她自己。总而言之代表她自己。"1974 年 12 月 23 日，毛泽东主席严肃指出："江青，一、不要出风头，二、不要乱批东西；三、不要参加组织政府。你们看她有没有野心，我看有。"1974 年底，毛泽东主席又说："江青有野心，她是想叫王洪文当委员长，她自己做党的主席。"1975 年初，毛泽东主席说："我死了以后，她会闹事。"公诉人江华以毛泽东三番五次对江青的揭露批评，有力地证实了江青反党篡权、阴谋做当代女皇的野心，从政治上辨清了毛泽东和江青的实际关系。

(2)情理交融。 情理紧密相连，密切相关，辩论者的思想感情要对表达自己的主场观点有帮助。

俗话说，入情入理，通情达理，理贵圆，情贵真。 只有理圆情真，情理交融，才能征服别人的心。

①理寓情中，情至理通。 在日常生活中，我们常常遇到这样的现象：以理喻人，很难服人；以情动人，人为之倾倒。

1942 年延安整风运动中，康生大搞"极'左'路线"，一大批同志蒙冤受整，党中央很快发现并纠正了极"左"倾向。 除了澄清是非，毛泽东同志代表党中央，在延安大礼堂向这些同志公开致歉。 会议一开始，毛泽东同志首先代表党中央承担了责任，脱帽肃立，会场充满唏嘘声。 毛泽东同志本来要讲一番勉励大家的话，要大家放下思想包袱，重新以火热的情怀投入革命斗争。 但面对这种局面，他该如何讲话呢？ 他捧着帽子低沉地说："看来今天当着大家的面，我这个帽子戴不起来了！"一句语重情长的话，似春风一样立即传遍了会场。 霎时会场掌声雷动，长久的掌声像春雷一样扫除了积压在每个同志心头上的阴霾，会场即刻振作起来，在活跃的气氛中毛泽东成功地完成了讲话。

我们不能过分强调情的作用，毕竟情不能代替理，但也不能过分贬低情的作用，理在情中，情感常常也在说理。 如果毛泽东不先以情动人，改变会场的环境气氛，达到领袖和同志间的心声交流，那么，无论他怎样说理，恐怕也很难达到理想的效果。 虽然是短短一句话，但却反映了毛泽东的智慧和水平。

②情能达理，情至理成。 1956 年苏共二十二大上，赫鲁晓夫在反斯大林的报告。 他指出了斯大林的许多错误，如，"二

战"中轻敌，贻误军机；肃反扩大，杀人过多；党内民主生活不正常等。这时，下面传上来一张纸条，上写："当斯大林做这些事时，你在哪里？"的确，这个问题不好回答。赫鲁晓夫自1939年起就任中央政治局委员，身居高位，他岂能不知斯大林的所作所为？为什么在斯大林死后数年，他才宣扬他的错误呢？赫鲁晓夫当众读了这张纸条，没有正面回答问题，而是大声发问："这是谁写的纸条，请站起来！"连问数声，无人敢应。赫鲁晓夫即以诙谐的语气回答："当时我就在你坐的那个地方。"按照赫鲁晓夫的一贯作风，一定会严加查究这张纸条，从列席会议的数千人中查张纸条，对克格勃来说，是轻而易举的，人们都为写这张纸条的人捏把汗。但此后赫鲁晓夫一直置之不问。赫鲁晓夫一生，后人微词颇多，但此一举却为人称道。

赫鲁晓夫以不言之情，公开地向纸条的主人和与会的同志表明了他对苏共党内政治生活的态度。针对这个棘手的问题，赫鲁晓夫并未正面回答而是迂回说理，以情动人。

③情感驱动，真情打动。要想引导初次见面的朋友说话，首先，必须让对方心情愉快。关于这一点，最好的榜样就是电视台或电台的优秀节目主持人。人们总以为他们是谈话的高手，事实上，他们比一般人强的也只不过是懂得如何运用心理战术，使谈话对象心情愉快而已。以中央电视台节目主持人倪萍为例，她就常常能在说话时让听众、观众产生共鸣，使他们身临其境。在正常情况下，人们在受到这类感动时，都会乐意诚恳地回答对方提出的每一个问题，是她用真情打动了观众。

人的行为经常不是由理智造成的，而是由情感造成的，或者说是由外界的思想或建议激发你的情感造成的。情感是行为的动力，人们一切活动的完成也都需要有情感的参与。

人们行为的这些特点启示我们：只要能吸引被说服者，打动被说服者，使他对你产生好感，就可以使被劝说者照你的思想去思考，心甘情愿地去接受你的建议，改变自己原来的态度。因而，要说服人，首先，必须赢得对方的好感，以此成功地改变对方的态度，"推销"你的观点。假如对方心有不平，对你印象恶劣，你就是说得天花乱坠，也难以让人信服。我们应该明白人人都有健全的头脑，不会轻而易举地被说服。虽然我们不能从思想上强迫别人同意我们的见解，但是，我们却可以通过情感导向说服他们。实际上这种效果往往比通过辩论强制别人同意你的观点更有效，因为此时，双方在感情上更接近了，也更容易沟通。

及时采用多种战术以克敌

应变能力也可称之为人的适应能力，是指能根据具体情况，及时采用多种战术以克敌制胜的能力。因为事物总是不断发展变化的，所以，人们就需要经常调整自己的心态，以适应变化了的局势。特别是辩论的关键时刻，更要具备较强的应变能力以应付新情况、新问题。应变能力是辩论者必备的基本素质。

下面举几个灵活应变的例子：

1. 攻防结合

辩论要攻防结合。只攻不防，看似骁勇，实则并非善战；疏于防守，弄得遍体鳞伤，又怎能养精蓄锐战胜论敌呢？常言道："君子避三端：武士之剑端，文士之笔端，辩士之舌端。"就是这个道理。"避锋法"的要则，就是要善于及时避开论敌"笔端""舌端"的锐利锋芒，必要时不惜"丢卒保车"，甚至"丢车保帅"，寻觅新的战机，化险为夷，东山再起，变被动为主动。

例如，律师在为一个实施正当防卫的被告辩护的时候，要避开争辩原告的伤是重是轻，后果是严重还是轻微。这时只有及时撇开这一话题，马上转入被告为何要实施正当防卫，以及不实施正当防卫的后果这一关键论题，并予以充分的论证和有力的辩护，才能取得辩论的主动权。

2. 以退为进

辩论中如果双方都不让步，就会陷入僵局。对于这类问题的解决办法，一般是把可能引起争议的问题往后放，待双方把其他问题统一后再来讨论。这样做有两点好处，一是确保辩论的顺利进行；二是先易后难，解决了简单的问题后，对剩下的问题双方都能抱着通情达理的态度，避免了在少数问题上耗费精力，过分纠缠。

法国一家广告公司拍摄广告片时，合同上写着付给这部广告片的主角珍妮 50 万法郎。到了付片酬的时候，公司因为经营出了点问题，资金周转困难，希望用不动产作为酬金付给珍妮。珍妮则坚持按照合同上写的支付现金。

谈判陷入僵局。但珍妮意识到如果以法律方式解决，不但自己要耗费大量精力于法庭上，而且还要付昂贵的律师费。 就算打赢了官司也是得不偿失，广告公司照样拿不出钱来，而且还伤了自己与广告公司的和气。 最后，珍妮做出让步，广告公司以每年连本带息的方式为珍妮付酬金，付款时间是三年。

其实，这种让步是以退为进，它不但使珍妮得到了酬金，还得到了相当于存银行的利息。 而且广告公司也得到了喘息之机，不致濒临破产。 对双方都有利的事情，何乐而不为呢？

3. 反言归谬

辩论之中有时不必或不便正面反驳，要保持冷静，让对方尽力表现。 俗话说，"言多有失"，待对方充分暴露出某一错误论点后，顺着他的错误论点推导下去，直到推出一个与对方完全不同的结果或更加荒谬的结论。 这种方法就叫"反言归谬"法。

例如：普林斯顿大学曾有一场关于科学世袭问题的讨论。其中一个人说："科学有世袭，因为居里夫妇的女儿也是诺贝尔奖获得者。"

"不错，她的确获得过诺贝尔金奖，'非欧几何'的创始人之一亚·鲍耶的父亲也是著名数学教授。 但你不知道居里夫妇的女儿伊伦·居里是很勤奋的，她在实验室里和丈夫埋头苦干。 节假日也不休息。 小居里夫妇经过刻苦努力，发现了人工放射性物质，才双双获奖。 亚·鲍耶小时候虽然也得过父亲的教诲，但他在数学上的见解却与父亲背道而驰，以致写出的论文父亲不予发表。 由于学术分歧，导致父子感情破裂，父亲成了他前进路上的绊脚石。 他们'袭'下来的只是父母为科学献身的宝贵精神。"

先肯定对方，居里夫妇的女儿的确获得过诺贝尔奖，然后，一步步推导下去，得出与对方完全不同的结论。这就是"反言归谬"法起到的成效。

再如：

一次，俄罗斯著名马戏丑角演员杜罗夫在演出后休息时，一个傲慢的观众走到他跟前，讥讽地问道：

"丑角先生，观众对你非常欢迎吧？"

"还好。"

"作为马戏班中的丑角，是不是只要生来有一张愚蠢而又丑怪的脸蛋，就会受到观众的欢迎呢？"

"确实如此。"杜罗夫悠闲地回答，"如果我能生一张像先生您那样的脸蛋的话，我准能拿到双薪！"

这个观众只好灰溜溜地走了。

杜罗夫先顺着他的观点承认自己不是由于表演艺术得到观众好评，而是由于生有一张愚蠢而丑怪的脸，然后，他用"双薪"反说对方的脸加倍愚蠢丑怪，从而让对方哑口无言，只能遁走。

善用诡辩术

三国时，刘备为了消除曹操的疑心，便用过此法，因而保住了自家性命。

那时，刘备落难，投在曹操麾下。为了保全自己，他经常装得木讷迟钝。

有一天，两人在后花园饮酒。 突然，天上乌云密布，下起了大雨，而且正巧出现了龙挂。 于是，两人凭栏眺望。

曹操：玄德知道龙有何变化吗？

刘备：未知其详。

曹操：龙无所不能，大则兴云吐雾，小则隐介藏形；升则飞腾于宇宙之间，隐则潜伏于波涛之内。 方今春深，龙乘时变化，犹人得志而纵横四海。 龙乃四海英雄。 玄德久历四方，必知当世，请试指言之。

刘备：我是个俗人，怎识英雄？

曹操：休要过谦。

刘备：袁术兵粮很多，他是英雄吗？

曹操：他有如坟中枯骨，我早晚必擒获他。

刘备：河北袁绍，四世三公，门多故里。 虎踞冀州，能人辈出，可谓英雄？

曹操：袁绍色厉胆薄，好谋无断，干不了大事，不是英雄。

刘备：有一人血气方刚，江东领袖——孙策可为英雄？

曹操：孙策借父之名，非英雄也。

刘备：益州的刘表能算英雄吗？

曹操：刘季虽是宗室，却无实力，哪有资格当英雄。

刘备在有意识地举了上面几个被曹操蔑视的人物后，又说了几个人，就是不提曹操和自己，曹操感到非常失望。

这时，刘备又开口说："舍此之外，备实不知。"于是，曹操说："英雄胸怀天下，腹有良策，有惊天动地之力。"

刘备故意问道："那么，谁能当之？"曹操用手指了指刘备和自己，说道："今天下英雄，只有你和我啊！"

刘备闻言，吃了一惊，筷子便从手中滑落。

这时，雷声轰鸣，大雨将即。刘备胆怯地说："一震之威，乃至如此。"

曹操笑道："大夫亦畏雷乎？"

刘备回答说："当然怕了。"

听刘备这样一说，曹操终于心安，灭了杀机。

在这段对话中，刘备以防为守、回避锋芒、韬光养晦，用转移论题的诡辩来挡住曹操的进逼，最终保护了自己。

要说刘备的诡辩用得轻巧，那么，幽默大师马克·吐温用的诡辩术则更加巧妙。

在一次记者采访时，马克·吐温说："美国国会中，有些人是狗娘子养的。"这句话见报后，美国国会议员们顿时哗然，很多人提出抗议。

因此，他不得不做出声明，非常"诚恳"地向议员们道歉说："前日，鄙人在酒席上发言，说有些国会议员是狗娘子养的。我经过再三考虑，认为这话极为不妥，而且也不合事实，特此登报声明，我该说的是，'美国国会中，有些议员不是狗娘子养的。'"

马克·吐温运用文字，将"有些议员是狗娘子养的"与"有些议员不是狗娘子养的"的同一含义用于诡辩法中。

善于明辨真理同时不失优雅

战国时期，诸子百家蜂拥而起。各种思想相互碰撞，其中，有位名叫杨子的思想家主张利己主义。

一天，杨子要向老子讨教问题，可老子去了秦国，他为了表示自己的诚意，便在老子回来的必经之地住下等候。

见面之后，老子直言教训他："以前，我觉得你尚值得一见，现在我想没有必要了。"说完拂袖而去。

杨子面带愧色，但始终跟在老子身后，一直跟到老子的住处，进屋之后，又跪下求教。他真诚地说："先生刚才说的几句话，令我茅塞顿开。越是如此，越想请先生坦白地把话讲完。"

由于他的态度非常诚恳，老子坦诚地说出了自己的想法："好吧，那我就告诉你，其实，我的话只有一句，你要装得更愚蠢一点才合适。"说完拂袖而去。

杨子听来，真是一语点醒梦中人，如醍醐灌顶一般。杨子在今后的为人处世上，发生了很大的变化。他当初未见老子时，大摇大摆、一副居高自傲的思想家气派，像个了不起的大人物。客栈的客人都谦让他，店主也不敢亲近他，店小二打好洗脚水要亲自送上门，还要为他脱鞋去袜，很多人为他让位吃饭。这一切虚荣，今日回想起来，杨子自己都觉得好笑：自己聪明外露，与人争锋强辩，计较一日之短长，绝非高明之人。

老子让他变得更"愚蠢"一点，真是击中要害。

从此，杨子变得非常善解人意，并且有了很大的成就。

史书有据可查，老子并不是个客气的人，他初见孔子时也这样做过，这在当时是非常罕见的事。老子的话大意如下："一位优秀的人物，自然有高人一筹的德行。但因为他是真正的优秀，又常常藏而不露，所以，经常被人忽视。今日见你，我有些话想说，你傲慢无能，而且你看人的眼光只看上不看下，实际上你就是个愚笨的人……"

这些真是非常尖刻的批评。只有知识渊博思想丰富的老子，才能有如此独到的观察！今天看来，老子、孔子同是历史伟人，开创了道儒两家，确实有其独到之处。

大到解决世界性问题的联合国大会上的辩论，小到家庭琐事之争，到处都有辩论。它是人类社会生活的必然产物，必须给予承认。所以，我们没有必要一见到或听到辩论，就敬而远之，或主动妥协。

社会上的事物错综复杂。了解事物的本质，需要通过比较，这个过程就是思辨。不论怎么做，都要深思熟虑。离开了辩论，事物的是非、美丑、优劣就难以区别。有人说："论辩是真理之源。"这话确有道理。"理不辩不明"，辩过才知对错。

有一场辩论，是关于拒贿的：

甲：不管怎么说，拒贿是一件好事，是值得赞扬的。一个法官多次拒贿，难道他不知道钱好花？他拒收贿赂，说明他是清官。

乙：具体问题具体分析。你没听说，苍蝇专拣臭的叮吗？有那么一个法官，谁不给他送礼，即使官司有理也不能打赢。 只要是他的案子，知情者个个送礼，不知情者尝到苦头后也送礼。 你能说他廉政表现好？ 值得对他大加赞扬吗？ 相反，有一个法官，一贯秉公办案。 群众了解他，无人给他送礼，少数人给他送礼他也拒收了。 他拒贿次数少，数额低，你能说他廉洁程度不如前者？ 但在光荣榜上，拒贿1次当然排在拒贿4次后面。 数字的大小决定廉洁多少？ 某单位拒贿人次多，就表示某单位廉政建设好？ 某人拒贿多，就表示某人廉洁？ 这让人难以理解，也难以使人信服。 所以，我认为，公布拒贿数字虽有倡廉意义，可是其负面效应不容忽视。 你认为呢？

甲：你说的也有道理。 看来，公布拒贿数字可能会出现副作用。 不过，拒贿总是好的，总是应该提倡的。

乙：拒贿是应该表扬，不过，领导们应该慧眼识珠，对表扬要做到实事求是。 对全部拒贿的，无论次数和金额多少，都应大加表扬；反之，受贿多次只上报其一部分的沽名钓誉者，则要给予批评教育。 你说对吗？

甲：对，我同意。

由两个人的对话，我们可以看出：起初，两个人所执道理都不免偏颇，没有抓住问题的本质。 经过一番辩论，双方达成一致，最后的结果基本上肯定了对拒贿这一现象应予以表扬的做法。

辩论通常表现为"舌战"，不过目的显然是为了说服对方，即通过辩论说理、分清是非，使对方信服。 所以，辩论不是简单的事，符合辩论要求的语言才能有效地说服对方。下面举例说明：

1. 压服性

辩论者需具备诸多优良的心理素质。辩论时，自信我方必胜，对方必败，有战胜对方的勇气，才能说服对方。

我国学者彭倚云，是世界最著名的行为治疗专家阿加尔教授的博士研究生。这个令人羡慕的学位是彭倚云借助语言的力量取得的。面试时，他与老师激辩了两个小时。

阿加尔教授咆哮如雷："你认为你能说服我吗？"

"当然不一定，因为，我还没有出生时，你已经是心理医生了。"彭倚云毫不示弱，响亮地答道，"只有实验本身能说服你或者我，如果没有进行这些实验，那就永远不会有人知道我与你谁对谁错。"

"就凭你那个实验方案，我可以马上指出它存在的十多处错误。"

此时，双方的争论充满了火药味，很难继续进行下去。不过，彭倚云说："这只能表明实验方案还不成熟。如果你接受我当你的学生，就可以把这个方案改得尽善尽美。"

"你想让我指导一个反对我的理论的研究生吗？"

"原本我是有这个想法的，"彭倚云笑了起来，"但经过这两个钟头的争辩，我知道牛津大学是不会录取我了。"

"最后，我问你，"阿加尔教授在倔强而自信的中国小姐面前渐渐让步了，"为什么你要选择行为治疗，并且让我做你的导师呢？"

"因为，你在那本书里曾写道：'行为治疗是以给予心灵上备受痛苦的人一个能回到正常生活的机会、享受正常人应有的幸福和权利为目的的。'老实说，你书里的其他话我不一定赞成，但我完全赞同这句话。"

"为什么？"

"因为，我知道不能做正常人的痛苦，也亲眼看见许多人失去了正常生活的权利而痛不欲生。我认为行为治疗能让心灵畸形者重归正常，不再忍受精神折磨。在这一方面，我完全赞同你的看法，也许，怎样才能更好地进行这种治疗才是我们的分歧。"

最后，彭倚云小姐凭借自信、雄辩征服了阿加尔教授。由此可见，彭倚云正是靠着自己的见解和辩才，成了这位四五年才收一名研究生的教授的学生。

在这个例子中：双方都试图压服对方，辩论气氛很紧张。彭倚云凭自己高超的说话水平、坚强的自信和不言放弃的执着精神，令倔强暴躁的阿加尔教授认同和接受了自己。

2. 逻辑性

能令对方心悦诚服的辩论语言往往是理由充足、富有逻辑力量的。正如斯大林评价列宁那样："当时，使我佩服的是列宁演说中那种不可战胜的逻辑力量。虽然有些枯燥，可是，它紧紧地抓住了听众的心，一步步地感动听众，把听众俘虏得一个不剩。我记得，当时有很多代表说：'列宁演说中的逻辑好像万能的触角。用钳子从各方面把你钳住，使你无法脱身。而你不是投降，就是完全失败。'"由此可知，征服斯大林的正是列宁语言中那种强大的逻辑力量。

要使辩论的语言符合逻辑，就要避免语无伦次、似是而非、矛盾百出等现象出现。诸葛亮就曾妙用雄辩的力量"舌战群儒"，进而使吴主孙权主战。诸葛亮先用刘备"博望烧屯，白河用水，使夏、曹仁之辈心惊胆战"的战绩，驳斥了江南

"第一谋士"张昭所谓"曹兵一出，弃甲抛戈"的虚假论据。接着，他举出出身贫寒的汉高祖刘邦击败秦国诸名将，围歼"霸王"项羽"终有天下"的例子，驳倒了儒生陆绩的"织席贩履之夫"刘备不足与相国后裔曹操抗衡的论点。最后，诸葛亮用"必有一假"的矛盾律，指出了匡扶宇宙之才"必按经典办事"论题的虚伪性，使那些主降的"江东英俊"，或是"默默无语"或是"满面惭愧"或是"低头丧气而不能对"。最终，赤壁大战中孙权打败曹操，三分天下的局面终于确立。

诸葛亮的才能不只表现在带兵打仗、定国安邦上，他的说话水平更为众人所佩服和称道。正因为他巧用了语言的强大力量，才在这场敌众我寡的论战中，力挫江东群儒，说服了吴主孙权出兵抗曹。

3. 目的性

辩论是辩明是非曲直的激烈角逐，只有针对对方的漏洞和谬误，有的放矢地驾驭有声语言，才能确立己方论点、击败对方。在一次全国人民代表大会会议上，"代表意识"崛起，代表们纷纷反思争辩，出现了空前的政治自由。

一位女代表说："上一届我也是代表，每年开会都是听领导讲，总认为咱不懂国家的大政方针，应该回去好好学习，好好贯彻执行。这一次开会，大家你一句我一句，我脑子都乱了。"

一位男代表提出异议："我认为，人民意志的最高体现是国家意志。人民代表如果不主动反映所代表的社会阶层民众的意见和呼声，那么国家意志的形成就缺了一个重要环节。"

女代表有自己的观点："可是，你所代表的只是小部分，国家才是代表绝大多数的。 我觉得个人不及国家高明。"

男代表立即回答道："我承认，我还不足以反映我所代表的那个社会阶层群众的意愿，但人民代表不是一个人的概念。 倘若所有代表都觉得自己只是'自己'，不代表自己所代表的社会阶层民众行使权利，那么，国家何以能代表大多数？"

这场发生在休息厅里的争论，民主气氛浓厚，谁胜谁负不言自明。 男代表谈话中具有明显的针对性，寥寥数语，却有的放矢地阐明了正确的观点。

4. 健康性

辩论是一种有益的理智的口头交流活动，绝对不是无聊的"斗嘴"。 鲁迅曾说过："辱骂和恐吓绝不是战斗。"可是，在辩论中，总是有些人容易冲动、出言不逊，甚至开口骂人。因此，遵守健康性的语言原则显得尤为重要，脱离了健康性的辩论就如同粗俗的人身攻击。

罗蒙诺索夫是俄罗斯的伟大学者，博学多才。 有一次，他和宫廷贵族舒瓦洛夫伯爵围绕一个问题起了争执。 "你简直是个大傻瓜！"舒瓦洛夫伯爵理屈词穷、气急败坏地嚷着。

"阁下，有人说在俄国大臣下面当一个傻瓜是最荣幸的，可我并不这么认为。"罗蒙诺索夫平静地笑道。

"我要把你从科学院开除出去！"伯爵大人叫得更凶了。

罗蒙诺索夫神情坦然地回答道："抱歉，不论你说什么，也无法把科学从我身上开除出去！"

在这场激烈的辩论中，罗蒙诺索夫始终保持学者风度，用镇静自若和风趣机敏来对抗贵族老爷的金刚怒目和破口大骂。

如此鲜明的对比，尽显伯爵的粗暴无知。

　　辩论中，我们应该掌握辩论语言的压服性、逻辑性、目的性和健康性。只有这样，才能体会到"一人之辩，重于九鼎之宝；三寸之舌，强于百万之师"的深刻含义，才能在辩论中立于不败之地，在明辨事理的同时不失优雅风度。